ちくま新書

女帝の古代王権史

義江明子
Yoshie Akiko

1555

女帝の古代王権史【目次】

Ⅲ　父系社会への傾斜　165

序章　古代双系社会の中で女帝を考える

†女帝は例外か普遍か

　現在の日本の天皇は、初代神武《じんむ》から数えて一二六代目とされる。そのなかで女帝（女性の大王／天皇）は、古代に推古《すいこ》・皇極《こうぎょく》＝斉明《さいめい》・持統《じとう》・元明《げんめい》・元正《げんしょう》・孝謙《こうけん》＝称徳《しょうとく》の八代六人、近世に明正《めいせい》・後桜町《ごさくらまち》の二人で、計一〇代八人である。総数からみれば、ごく少数の例外ということになる。

　もっとも一二六代のなかには、初代神武および「欠史《けっし》八代」といわれる二代綏靖《すいぜい》から九代開化《かいか》までの、歴史学では実在の強く疑われる天皇も含まれている。私たちが辞典や新聞などで目にする神武以降歴代の数と名前は、実は、大正一五年（一九二六）に確定した。政争に敗れた側や南北朝対立時期の天皇の誰を加え／省くか、伝承上の誰を天皇と認定するかをめぐっては、すでに中世〜近世の史書においても様々に見解の相違があった。近代天皇制国家の発足にあたり、対外的にも歴代を確定する必要に迫られた政府は、審議を重ね、ようやく公式に定まったのが、一九二六年だったのである。この審議の過程で最終的に、伝承の神功皇后《じんぐうこうごう》や飯豊青尊《いいとよのあおのみこと》（飯豊天皇）は「女帝」枠からはずれた。

こうした問題はあるものの、それを考慮しても全体からみれば女帝はごく少数である。しかし、これを「例外」として片づけてしまってよいものだろうか。それは歴史学的見方とはいえまい。歴史的にみると、女帝は六世紀末から八世紀後半にかけて八代六人が集中している。六〜八世紀の倭《わ》／日本には、女の王を普遍的に生み出す条件があり、八世紀後半以降はそれが失われていったとみなければならない。その条件と、それがなぜ失われていったのかを明らかにすることが、歴史学の課題だろう。

同じ時期の男帝の数もほぼ同じなので、男女の割合は半々ということになる。つまり古代においては、女帝の存在は例外ではなく普遍だったのである。

†双系社会と長老原理

女帝を普遍的に生み出した条件とは何か。それは双系的親族結合と長老原理である。生まれた子どもが父方の一族に属するのが父系社会、母方に属するのが母系社会である。厳密な父系社会では、父系でつながる一族は同じ姓を称し、一族の内部での婚姻は禁じられる（族外婚《ぞくがいこん》／同姓不婚《どうせいふこん》）。婚姻を通じて、異なる一族と社会的に結びつくシステムといえよう。中国は典型的な父系社会だった。父方の親族だけが社会的に重んじられ、地位の継承は男子の血統を通じてのみ行われるのである（男系継承）。

それに対して双系的親族結合を基本とする社会では、父方と母方のどちらに属するかは流動的で、父方母方双方の血統が子の社会的・政治的地位を決める上で重要な要素となる。人類学的な知見によると、こうした社会は東南アジアから環太平洋一帯に広がりをみせていて、日本列島もそこにつらなる。古代の倭／日本は、もともと双系社会だったのである。

中国のような族外婚／同姓不婚のルールがないことは、倭／日本の社会の大きな特色である（現在に至るまで）。古代の王族男女は、父方母方の区別なく濃密な近親婚をくり返した。それにより双系社会での一族の絆を強め、権威と権力を高めていったのである。

だが、先進文明国中国の周縁に位置し、中国をモデルに国家形成を遂げていく過程で、倭／日本は七世紀末～八世紀初に、中国の体系的法典である律令を国家の骨格として導入した。父系原理／男系継承の社会で長年かけてできあがった法体系が、全く異なる親族原理の社会に接《つ》ぎ木《き》されたのである。

このことは、社会全般に大きな影響をおよぼした。直接には官人《かんじん》の氏族意識・家意識、王位継承観に変容を促し、それがやがては古代女帝の終焉をもたらす。双系的血統を尊重する観念はその後の貴族社会にも残り、庶民の間では、公的父系原理のもとで双系的親族結合が現実に意味を持ち続けた。しかし全体としてみれば、日本は父系社会になっていったのである。

双系社会でリーダーとなったのは、男女の長老である。六〜七世紀の大王／天皇たちは、男女ともにほぼ四〇歳以上で即位したことが明らかにされている。父系直系継承は必然的に幼年での即位につながるものだが、六〜七世紀はそのような継承が行われる社会ではなかったのである。未熟な国家体制のもと、経験を積んだ熟年の王の人格的指導力が、統治の必須要件だった。

七世紀末に、初めて一五歳の少年（文武《もんむ》）が祖母（持統《じとう》）の後見のもとに即位する。律令国家体制の導入によって可能となった、大きな転換である。持統は退位後も孫との〝共《きょう》治《ち》〟を続け、この転換をのりきった。

長老女性が退位後も太上天皇《だいじょうてんのう》として年少男性を支え育成するというシステムが持統によって築かれ、八世紀を通じて律令国家における君主権の強化を実現した。双系社会の長老原理を土台に、新たに導入された直系的継承へのソフトランディングがなされたのである。八世紀後半に女帝が終焉した後、数々の模索を経て、父系直系継承原理のもと即位した幼《よう》帝《てい》を母后《ぼこう》と外戚摂政《がいせきせっしょう》が支える新たなシステムは、九世紀半ば以降に築かれていく。

†見のがされてきた史実

研究史の流れからみると、一九九〇年代末に性差を前提としない王権研究の必要が提起されるまで、古代の女帝は父系直系継承を支えるための「中つぎ」とみなされてきた。通常の皇位継承に困難がある場合に、一時的に緊急避難の意味で擁立されたとする見方に疑問がもたれることはなかったのである。しかし、皇位継承に困難を生じることは、その後の歴史の中でもたびたびあったが、必ずしも女帝の擁立には結びついていない。古代の六〜八世紀に熟年男女がこもごも即位したこと、それが九世紀以降は絶えることの歴史的意味が、「中つぎ」説では解明できないのである。

「中つぎ」説は皇位の男系男子継承が法制化された明治に生まれ、一九六〇年代に学説として確立した。その頃までは、父系直系ないし兄弟継承が日本古来の原理と考えられていたのである。しかし現在では、そもそも世襲王権の成立自体、六世紀前半の継体《けいたい》〜欽明《きんめい》以降とみることが、ほぼ学界での通説となっている。『日本書紀』が記す最初の女帝推古《すいこ》は欽明の娘で、兄弟三人に続いて即位した。世襲原理が王位継承の基本となった時、双系的血統観のもと、熟年の男女がこもごも王位についたのである。

『日本書紀』を丹念にみていくだけでも、推古がすぐれた統率力を発揮して、有力豪族の支持を得て即位するに至ったことは、明瞭に浮かび上がってくる。他の女帝たちについても同様に、それぞれの治世でどのような統治を行ったのかが、近年、具体的に明らかにされつつある。かつては女帝は「仮の即位」で、実際の政治は皇太子や大臣が行ったとみられていた。だが現在は、その頃とは面目を一新した状況にあるといえよう。

これまで女帝を「中つぎ」とみなし、その統治実績を真剣に検討しようとしないことで、あまりにも多くの史実がみのがされてきた。本書では、史料と真剣に向き合い、王権史のなかでの古代女帝の真実の姿を明らかにしていきたい。

I　選ばれる王たち

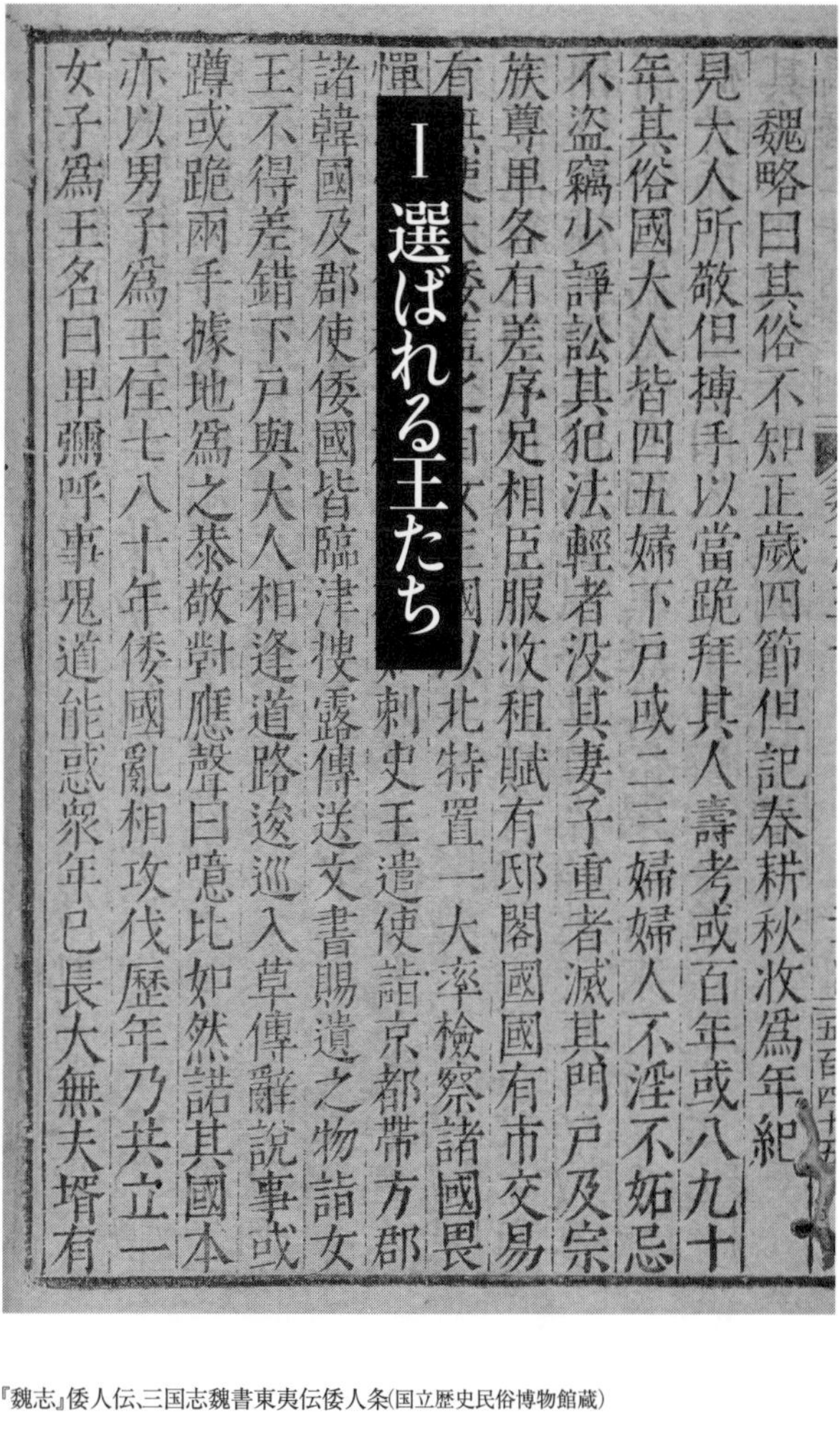
魏略曰其俗不知正歲四節但記春耕秋收爲年紀
見大人所敬但搏手以當跪拜其人壽考或百年或八九十
年其俗國大人皆四五婦下戸或二三婦婦人不淫不妬忌
不盜竊少諍訟其犯法輕者沒其妻子重者滅其門戸及宗
族尊卑各有差序足相臣服收租賦有邸閣國國有市交易
有[illegible]北特置一大率檢察諸國畏
憚[illegible]刺史王遣使詣京都帶方郡
諸韓國及郡使倭國皆臨津搜露傳送文書賜遺之物詣女
王不得差錯下戸與大人相逢道路逡巡入草傳辭説事或
蹲或跪兩手據地爲之恭敬對應聲曰噫比如然諾其國本
亦以男子爲王住七八十年倭國亂相攻伐歷年乃共立一
女子爲王名曰卑彌呼事鬼道能惑衆年已長大無夫壻有

『魏志』倭人伝、三国志魏書東夷伝倭人条(国立歴史民俗博物館蔵)

第一章　卑弥呼から倭五王へ

1　卑弥呼と男女首長

†卑弥呼「共立」

邪馬台国の女王卑弥呼《ひみこ》。日本史上、あまりにも有名な人物である。『魏志《ぎし》』倭人伝（『三国志』「魏書」烏丸鮮卑《うがんせんぴ》東夷伝《とういでん》倭人条）によると、日本列島のどこかに邪馬台国という倭人の国があり、女王卑弥呼が治めていたという。二世紀後半頃から倭では戦乱が続き、卑弥呼は、三〇ほどの小国よりなる連合勢力の王として「共立」された。連合の盟主となった卑弥呼は、景初《けいしょ》三年（二三九）に中国の魏に遣使し、皇帝から「親魏倭王《しんぎわおう》」の称号と銅鏡一〇〇面などを得た。

これ以前、倭人の政治組織が中国の歴史書に登場するのは、『漢書《かんじょ》』地理志が最初である。紀元前一世紀頃には「百余国」の小国に分かれて、定期的に使者がやってきたという。『後漢書《ごかんじょ》』東夷伝では、紀元五七年に「倭奴国」が朝貢《ちょうこう》し、光武帝《こうぶてい》から印綬《いんじゅ》を授けられた。江戸時代に福岡県志賀島《しかのしま》から「漢委奴国王《かんのわのなのこくおう》」の金印が出土して、これがその時の印にあたるとされる。「倭《わ》の奴国《なこく》」か「委《わ／いぬ》奴国《こく》」か、国名をめぐっては諸説あるが、北九州の政治勢力の首長の一人が、後漢の皇帝によって「国王」と認定されたのである。

一〇七年にも「倭国王帥升《すいしょう》等」が来て、「生口《せいこう》」(奴隷)を献上した。固有名の知られる最初の王「帥升」は、名前からすると男王だろうか。「等」とあるので、複数の首長がまとまって一つの政治勢力をなしていたらしい。卑弥呼の時代にも、敵対する狗《く》奴《な》国の王卑《ひ》弥弓呼《みくこ》は男王だった。卑弥呼の次は男王、その次はまた女王に代わった。「国」という政治組織が形作られ始める紀元前後から三世紀にかけて、日本列島上には男女の王がいたのである。

この頃の王位継承は、どうなっていたのだろうか。卑弥呼は小国の首長たちに「共立」されて王となった。その死後にも男王を「立」てたが「国中」が治まらず、台与《とよ》という少女を「立」てて、やっと定まったという。この時代の「王」は世襲ではなく、選ばれてなるものだった。いったん王となっても人々が納得しなければ、また選び直されたのである。

男王も女王も人々に選ばれて「王」となったこと、中国の皇帝からは（男女どちらも）「倭王／倭国王」の号を与えられたことが、まずは注目できよう。

†「会同」に集う男女

女王卑弥呼の存在や邪馬台国の位置にとかく目を奪われがちだが、『魏志』倭人伝には、社会習俗についての興味深い記述がある。「其《そ》の会同《かいどう》、坐起《ざき》するに、父子・男女の別なし」（集会の時、座席の順序や立ち居ふるまいに、父子や男女による区別はない）というのである。「会同」とはただの集まりではない。古く紀元前数世紀の中国周《しゅう》代には、諸侯が参集し同盟を結ぶ場でもあった。『魏志』には「会同」の用例が八例あり（データベース「中央研究院漢籍全文資料庫」）、政治的会合や、皇帝と臣下の儀礼的宴会などを指す。倭人の社会では、そうした政治的意味を持つ「会同」の場に、男女が参加していたのである。

『魏志』の東夷伝全体をみわたすと、高句麗《こうくり》条に「会同坐起」のやや詳しい記事がある。それによると、王のもと、官には「尊卑《そんぴ》、各々《おのおの》等級」があり、「会同」での立ち居振る舞いにおいて、王の任命した官と貴族たちに仕える臣とは同列にできなかったという。高句麗は、朝鮮諸国の中では早くに国家システムを作りあげ、身分の区別も明確だった。そこでの「会同」は、王を頂点に臣下が身分序列に従って参加／行動する、政治的儀礼の場だったのである。

邪馬台国の社会も、大きく「大人《たいじん》」と「下戸《げこ》」の身分に分かれていた。「大人」に対する「下戸」の拝礼作法には、二種類あったらしい。「下戸」が道路で「大人」に出会った時には、後ずさりして道ばたによけ、ものを申し上げる時は蹲《うずくま》り地面に両手をつかねばならなかった。ところが他方で、「大人の敬《うやま》われる所を見るに、但《ただ》、手を搏《う》ち、以《もっ》て跪拝《きはい》に当《あ》つ」（両手を打ち合わせるだけで、〔中国的な礼法である〕ひざまずいての拝礼の代わりとする）ともある。後者の作法のあり方は、「大人」が隔絶した地位ではなかったことを示唆しよう。

前者の作法は、卑弥呼を王とする連合諸国の統治体制を記述する中にみられる。それに対して後者は、婚姻や慣習法などの古来の習俗を記す中の、「会同」に続く一節である。二つの作法は成り立ちが違うのだろう。前者はのち、推古一二年（六〇四）に定められる朝庭《ちょうてい》での「匍匐礼《ほふくれい》」につながっていく（新川登亀男「小墾田宮の匍匐礼」）。政治的身分秩序に沿った、厳格な礼法である。後者はそれとは異質で、身分による違いの乏しい旧来の作法であり、そうした作法のもと人びとの集まる場が、倭の「会同」だったのではないか。

男女が区別なく政治参加する伝統は、倭の社会において根強く続いたらしい。奈良時代の八世紀半ば、大事な農耕神事のあとの村の集会には「男女、悉《ことごと》く集まり、国家の法を告げ知らしめた」と、当時の法注釈書は記している（『令集解《りょうのしゅうげ》』儀制令春時祭田条《ぎせいりょうしゅんじさいでん》「古記《こき》」）。

†卑弥呼の墓とヤマト王権

卑弥呼は正平《しょうへい》八年（二四七）に、朝鮮半島に置かれた帯方郡《たいほうぐん》に使者を派遣し、狗奴国《くなこく》の男王卑弥弓呼《ひみくこ》と交戦状態にあることを魏に告げた。しかし皇帝の詔書《しょうしょ》が邪馬台国にもたらされた時には、すでに卑弥呼は没していた。卑弥呼が女王として活動した時期は、およそ二世紀末から三世紀前半ということになる。

かつて、古墳時代の始まりは三世紀末から四世紀初と考えられていた。卑弥呼の死と古墳は、年代的にみて直接には結びつかなかったのである。しかし近年、年輪年代法をはじめとする年代研究の進展により、古墳時代の開始は二六〇年前後とみなされるようになった。その結果、古墳時代の始まりを告げる最古の定型大型前方後円墳である箸墓《はしはか》古墳（奈良県三輪山南西麓、全長約二八〇メートル）を、卑弥呼の墓とする見方が強まっている（白石太一郎『古墳からみた倭国の形成と展開』）。また、箸墓に隣接する場所で纏向《まきむく》遺跡（古墳時代前期）が発掘調査され、一般の農業集落とは異なる〝都市〟的性格と大型建物群などが注目を集めた。纏向遺跡については、初期ヤマト王権との密接な関わりが想定される（寺沢薫「纏向遺跡と初期ヤマト王権」）。

『日本書紀』（以下、『書紀』と記す）にも、「箸墓」の由来に関する記述がある。崇神《すじん》天皇の大オバにあたる倭迹《やまとと》迹《と》日《ひ》百襲《ももそ》姫命《ひめのみこと》が、夜な夜な通ってくる男の正体が三《み》輪《わ》山《やま》の神（小さな蛇）であることを知って驚き、箸で自らのホト（性器）をついて亡くなったという物語である（崇神一〇年九月条）。その墓は、「日《ひる》は人作り、夜は神作る。……人民《おおみたから》、相踵《あいつ》ぎて、手《た》逓《ご》伝《し》にして運ぶ」（昼間は人間が作り、夜は神が作った。……人々は並んで、次々に手渡しして石を運んだ）という。多くの労働力を動員しただけではなく、夜の間は神が作ったのではないかと思うほどに、それまでに見たこともない巨大な墓がみるみる造られていった、その驚きをこの話は伝えているのだろう。『魏志』倭人伝の、「卑弥呼、以《すで》に死し、大いに冢《つか》を作る。径《けい》は百余歩《ひゃくよほ》」という記述を想起させる。「百余歩」というのは、箸墓の後円部の直径にほぼ相当する（笠井新也「卑弥呼の冢墓と箸墓」）。

「ヤマト・トト・ヒ・モモソ・ヒメ」という壮大で長々しい名前は、見るからに後世的である。抽象的な讃辞であるらしい「トト（迹・迹）」「モモソ（百・襲）」をとり除くと、そこには偉大な力（ヒ＝霊）を持つヤマトの女王の輪郭が、おぼろげながら見えてくるのではないか。箸墓が卑弥呼の墓であるにせよ違うにせよ、規模と形態からみて先行する墳墓とは一線を画す、ヤマト王権の始祖王の墓であることは間違いない。『書紀』は神武天皇以来の一貫した父系継承として王統譜を構成するが、同時に、箸墓の被葬者を女性とする伝承も書きとどめていることは、それ自体、きわめて興味深いといわねばならない。

卑弥呼や台与だけが、傑出した例外的な「女王」だったのではない。埋葬人骨および副葬品の考古学的分析によって、弥生後期から古墳前期には列島各地に男女の首長がいたこと、女性首長の割合は三割から五割であることがわかっている（今井堯「古墳時代前期における女性の地位」、清家章『卑弥呼と女性首長』）。こうした成果にもとづいて考えると、卑弥呼を「共立」した三〇余の小国の首長たちにも、男女がこもごもいたとみるべきだろう。

†〝一夫多妻〟と男女の首長

『魏志』倭人伝には、「其《そ》の俗《ぞく》、国の大人《たいじん》は皆、四、五婦《ふ》、下戸《げこ》も或《ある》いは二、三婦。婦人、淫《みだ》れず。妬忌《とき》せず」（習俗として、「大人」には四、五人の妻があり、「下戸」でも二、三人の妻を持つ。妻たちは淫《みだ》らでなく、互いに嫉妬しない）とある。一夫多妻の男尊女卑《だんそんじょひ》の社会だったように見えるが、これは不思議な記述である。一夫多妻は、上層の男たちが多くの妻を持つ一方で、下層には結婚できない男たちが多数いて、はじめて男女の数の全体的バランスがとれる。中国古代の歴史家もこの点に疑問をもったらしい。『魏志』を参照して書かれた『後漢書』では、「国の女子多く」という説明句が付け足され、『旧唐書《くとうじょ》』倭国日本伝ではさらに「地には女多く、男少なし」となる。実態を離れて、説明句だけが一人歩きして増幅していった様子がよくわかる。

妻たちが互いに嫉妬しないというのも、実際の一夫多妻社会では考えにくい。だが倭社会の婚姻の実情を知れば、この疑問は氷解する。古代の婚姻の基本は、妻問婚《つまどいこん》といわれる別居訪問婚である。ほぼ八世紀頃まで男女の結びつきはゆるやかで、簡単に離合をくり返した（関口裕子『日本古代婚姻史の研究』）。男が複数の女のもとに通う一方で、女も複数の男を通わせることができる社会だったのである。中国史家の手になる『魏志』倭人伝では、男に視点を据えた「多妻」だけが書きとどめられたため、女の〝多夫〟状況は見えなくなってしまった。実際に女の数が男の何倍も多かったわけではない。

夫婦の絆は弱いが、兄弟と姉妹の結びつきは強かった。特に同母の兄弟姉妹はともに育った同世代の男女として、生涯を通じて、互いに助け合い支え合ったのである。従来は、同一の墳墓に成人男女が葬られていると、無前提に夫婦とみなされがちだった。しかし近年進んだ出土人骨の分析結果によれば、両者の関係は夫婦ではなく兄弟姉妹であることが、弥生終末期から古墳時代を通じて一般的だったという（前掲、清家『卑弥呼と女性首長』）。

考古学分野でよく知られている古墳時代前期の女性大首長は、熊本県向野田《むこうのだ》古墳に眠る中年女性である。四世紀末から五世紀初の地域最大規模の前方後円墳（全長八九メートル）に単独で葬られ、その骨盤には妊娠痕があった。中小古墳に葬られた女性首長にも、それ以前、弥生時代の甕棺墓《かめかんぼ》に副葬品とともに葬られた比較的上層の女性にも、ほぼ全ての女性リーダーに妊娠痕が認められるという（前掲、清家）。男性首長も女性首長も、普通に婚姻をしていたのである。ただしその婚姻関係は流動的／不安定であり、死後は単独で、あるいは兄弟姉妹とともに葬られることが多かった。日常的には兄弟姉妹が強い絆で結ばれ、支え合う関係にあったからである。

2　倭五王と将軍号

†倭五王の系譜関係

台与《とよ》のあと、中国への遣使は途絶えた。次に倭王が歴史書に登場するのは、中国が南北朝に分かれて対立していた五世紀になってからである。ここでは男王が続く。なぜだろうか。

南朝の劉宋《りゅうそう》に次々に遣使した五人の倭王の名は、『宋書《そうしょ》』倭国伝（蕃夷《ばんい》伝倭人条）に讃《さん》・珍《ちん》・斉《せい》・興《こう》・武《ぶ》と記録されている。この五人が『古事記』『日本書紀』（以下、並称する場合は『記』『紀』と記す）のどの天皇に該当するのか、あるいは日本側の史書には記録されない王が含まれているのか、様々な議論があって定まらない。ただし最後の「武」が雄略《ゆうりやく》天皇にあたることだけは、ほぼ異論がない。『記』『紀』の記す「ワカタケル」（若建／幼武）という名が、埼玉県稲荷山《いなりやま》古墳出土鉄剣銘文の「獲加多支鹵《わかたける》大王」から当時の雄略の名前だと確認でき、「武」はその意訳とみられる。また、同銘文の「辛亥《しんがい》年」（四七一）と倭王「武」の遺使年（昇明《しょうめい》二年・四七八）も、年代的に矛盾しない。

他の四人については、応神《おうじん》・仁徳《にんとく》・履中《りちゅう》・反正《はんぜい》・允恭《いんぎょう》・安康《あんこう》の誰かにあたるとされる。手がかりは、『宋書』の記す五人の続柄《つづきがら》と『記』『紀』のそれとの対応、および漢字一字の王名と『記』『紀』の和風王名との対応である。後者については、全体の意訳なのか音の一部によるのか対応の原則がはっきりせず、それが諸説噴出の一要因ともなっている。

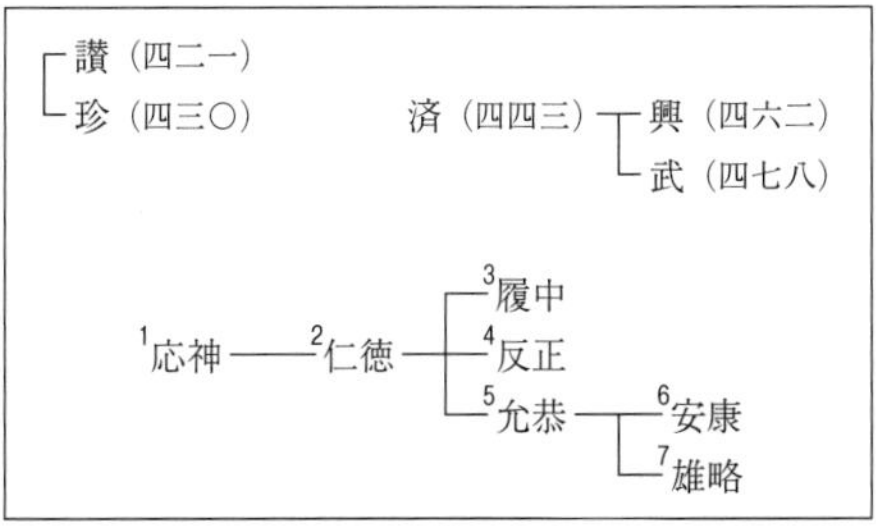

図1 『宋書』の倭五王と『日本書紀』の天皇系譜。
数字は王位継承順、（ ）内は最初の遺使年。

†冊封記事の「世子」

本書で注目したいのは、五王の系譜関係の不連続と、中国史書の記載方法との関係である。『宋書』では、讃の「弟」が珍、済の「世子《せいし》」が興、興の「弟」が武と記すものの、珍と済については続柄記載がない。他方で、五王が応神《おうじん》から雄略のどの天皇に対応するにせよ、『記』『紀』の記す王統譜では父子ないし兄弟関係でつながっていて、断絶はない（図1）。そこから、讃・珍と済・興・武は異なった系統に属し、五世紀の史実としては二つの王系があって、『記』『紀』は六世紀以降にそれを一つの連続する王統譜に編み上げていった、と考えられるようになった（川口勝康「五世紀の大王と王統譜を探る」他）。

五世紀当時に複数の王系が存在したこと、『記』『紀』の王統譜はそれをあとから万世一系《ばんせいいっけい》的につなげたものとみることには、私も異論はない。ただしこれは王朝対立とか王朝断絶とかいうことではない。〝王朝〟といった場合、王位の世襲が暗黙のうちに前提されている。しかし五世紀の史実としては、そのことに大いに疑問があるからである。

そもそも中国の史書は、周辺諸国の王の続柄をどのようにして把握し、記録したのだろうか。この点について、同時代に中国の南朝・北朝に遣使した百済《くだら》王について、興味深いことがわかっている。

中国側は通常、遣使朝貢《けんしちょうこう》してきた王を「父子相続の形で単純に系譜化」して記載したらしい。使者を派遣してくる王がいると、その前に使者を遣した王の「子」とみなし、そのように史書に記録したのである。逆に王脈の断絶についての記載は、史実としてかなり信頼できるという（笠井倭人「中国史書における百済王統譜」）。断絶の事実は使者が伝え、それによって始めて中国側は認識できたからである。現在のように、情報が瞬時に世界をかけめぐる時代ではない。たまにやってくる使者を通じての情報摂取であることを思えば、これはある意味、あたり前のことだろう。つまり、遣使朝貢しなかった王は中国側には記録されないし、父子と書かれていても、実際には父子関係でない王が混じっているとみなければならない。

もう一つ、時代はくだるが、五世紀の倭国と同様に王権形成期にあった一四〜一五世紀の琉球についてみてみよう（『明史』琉球伝）。こちらは史料が豊富なので、周辺諸国の王位継承の実態と中国史書による記録との関係を、よりはっきりと具体的に知ることができる。山北《さんほく》・山南《さんなん》・中山《ちゅうさん》からなる三山《さんざん》時代の琉球で、一三九六年に中山王察度《さつと》が死ぬと、息子の武寧《ぶねい》は「中山王の世子」として明《みん》に遣使し、「父の喪《も》」を告げて正式に「襲位《しゅうい》」を認められた。この場合は、実際に父子関係の王位継承である。

ところがその後、小首長だった思紹《ししょう》が一四〇六年に武寧を滅ぼす。すると思紹は、父子関係ではないにもかかわらず前王武寧の「世子」として遣使し、「父の喪」を告げて「琉球国中山王」に封《ほう》じられた。中山が山北・山南を滅ぼして統一王朝が成立すると、「琉球国中山王」が琉球王国の王の公称となる。さらに一四六九年、七代尚徳《しょうとく》王をクーデターで倒した金丸《かなまる》は、「尚円《しょうえん》」と名乗り、「世子」として中国に使者を送り、やはり同様に「父の喪」を告げて「琉球国中山王」に封じられた（高良倉吉『琉球王国』他）。

ここからわかるように、中国史書の冊封《さくほう》記事にみえる「父」「世子」といった続柄《つづきがら》記載は、中国と通交関係を持った前王の正統な継承者であることを次王が主張し、それを中国側が認めたことの表明にほかならない。つまり、必ずしも現実の親子関係を意味しないのである。

†「倭」姓の意味

琉球史では、尚徳までを第一尚《しょう》王朝、クーデターで尚徳を倒しながら、その「世子」として明に冊封《さくほう》された尚円《しょうえん》以降を第二尚王朝としている。これは研究上の区別である。琉球王権の公式の主張としては、明治の琉球処分で廃された最後の尚泰《しょうたい》王まで「尚」姓で一貫し、断絶はない（『中山世譜《ちゅうざんせいふ》』）。「尚」姓は、冊封関係の連続を保証するために必須の、対外的名乗りだったのである。

倭の五王に戻って考えてみよう。『宋書』には、「倭讃《わさん》」（倭国伝）・「倭王倭済《わせい》」（文帝本紀《ぶんてい》元嘉《げんか》二八年）とあり、倭王珍の求めによって「倭隋《わずい》等一三人」に平西《へいせい》将軍以下の将軍号を授けたともある。これらの記事からは、あたかも讃・済・隋らが「倭」を姓とする一つの父系出自集団に属するように見える。実際、そう主張する研究者もいる。

しかし、それは誤りである。五世紀の倭王たちは宋に遣使朝貢して、高句麗や百済と競い合いながら朝鮮の軍事支配権に関わる将軍号の授与を求め、「安東《あんとう》（大）将軍・倭王」に叙せられた。五世紀において、中国皇帝の君臣秩序内に包摂され官爵《かんしゃく》を得るには、中国的な姓が必要だった。「倭」姓は、〝冊封用の名〟なのである（吉田孝『日本の誕生』）。高句麗王の「高《こう》」姓、百済王の「余《よ》」姓（夫余《ふよ》に由来）も同様に、中国王朝との通交を契機に使われ始めた、王としての対外的名乗りである。この時代の倭には、まだ父系出自集団は存在しない。

倭王済の「世子」興についても、興が「世子」だと主張し中国側が認めたということであって、済と興が実際に父子関係だったかどうかはわからない。『宋書』が載せる倭王武の上表文には「亡考《ぼうこう》（亡き父）済」とあるが、これも武が父子関係を主張したことを示すに過ぎない。逆に、珍と済の間に続柄記載がないのは、前に遣使した王との血縁関係を済が積極的に主張しなかったことを意味しよう。「弟」というのも、倭の側の意識としては、王位継承候補者の中の〝同世代年少者〟を指した蓋然性が高い。のちの七世紀になっても、倭王たちは「天《てん》をもって兄となし、日《ひ》をもって弟となす」（『隋書《ずいしょ》』倭国伝）ような、自然と一体化した〝兄弟〟観を持っていた。

史実としては、五世紀の倭王は豪族連合の盟主であって血縁による世襲ではなく、政治的実力のあるものが王に「立」てられたとみるべきだろう（大平聡「日本古代王権継承試論」）。考古学的に確認できる巨大前方後円墳の広範囲での立地移動も、こうした推定に適合的である。にもかかわらず、倭王としての政治権力の継続性は、「倭」姓の名乗りによって対外的に確保された。だからこそ、倭王たちは中国への遣使をくり返し、皇帝から「（大）将軍・倭王」に冊封されることによって、王としての地位を確かなものにしたのである（義江明子『古代王権論』）。

†将軍号と府官

宋の皇帝から官爵《かんしゃく》を与えられたのは、王だけではない。珍は、「使持節《しじせつ》都督《ととく》倭《わ》百済《くだら》新羅《しらぎ》任那《みまな》秦韓《しんかん》慕韓《ぼかん》六国《りっこく》諸軍事《しょぐんじ》安東大将軍倭国王」と自称して遣使し、正式な任命を求めた。同時に「倭隋等一三人」に対しても、「平西《へいせい》・征虜《せいりょ》・冠軍《かんぐん》・輔国《ほこく》」の各将軍号を授けられるよう求めた。

この時には、朝鮮諸地域を含む軍事支配権は認められず、珍の「安東将軍倭王」への任命と倭隋等に対する各将軍号授与だけがなされた。次の済は、二回目の遣使である元嘉《げんか》二八年（四五一）にようやく、宋に遣使朝貢している百済を除き、実態の曖昧な加羅《から》を加えて、「使持節都督倭新羅任那加羅《から》秦韓慕韓六国諸軍事安東将軍倭王」に任じられた。同時に、王以外の二三人への「軍《ぐん》・郡《ぐん》」（下位の将軍号・郡長官号）の授与願いも認められた。

珍の「安東《あんとう》」は、宋からみた東方を鎮撫《ちんぶ》する周辺国王の将軍号である。対して倭隋《わずい》の「平西」は、倭王の拠点所在地からみた西方を軍事統括する方位将軍号である（武田幸男「平西将軍・倭隋の解釈」）。将軍号のランクからみると、高句麗王の「征東《せいとう》」、百済王の「鎮《ちん》東《とう》」、倭王の「安東」は、同じ三品《さんぴん》ランクの中で、この順序での序列をなす。倭王のランクは、高句麗王・百済王より低い。

「平西」～「輔国」の方位将軍号も大きくみれば王と同じランクの範囲内で、「平西」は「安東」のすぐ下、「征虜・冠軍・輔国」はさらに隔たった下位である（坂元義種「五世紀の日本と朝鮮」）。トップの平西将軍「倭隋」は、倭国連合を構成する有力首長たちの中では別格の、王に次ぐ地位（次期継承候補か）にあり、それゆえに対外的に「倭」姓を称することができたのだろう。倭王は、中国の官爵体系の序列を利用し、皇帝の権威を背景に、有力首長たちを自らの政治秩序内に位置づけていったのである。

皇帝から将軍号を授与されると、将軍府（役所）のもとに長史《ちょうし》・司馬《しば》などの府官《ふかん》を置くことができた。讃が元嘉二年（四二五）に使者として遣わした「司馬曹達《そうたつ》」も、その一人とみられる。識字能力と政治経験のある中国系亡命人らしき人々を中心に、王の手足となる役人の編成（官僚制の萌芽）がなされていくのである。こうした動きは高句麗から始まり、百済にもみられた。倭はそれらに学んだのだろう。対宋外交を通じて、倭国の王権は中国の統治システムの一端を学び取り、国内での権力機構をつくり出していくのである（鈴木靖民「倭の五王の外交と内政」、河内春人『倭の五王』）。

軍事的緊張の続く四〜五世紀の中国において、対立する南北の各王朝は、周辺諸国の王に各種将軍号を授けて冊封体制に組み込んだ。周辺諸国（高句麗・百済・倭）の側でも、積極的な遣使と叙爵要求をくり返して、各国間の国際序列を競いつつ、他方で、中国官爵の序列を利用した国内支配秩序を築いていった。

本書のテーマからすると、この時、将軍・府官などに任じられるのは、中国の官爵体系のもとで男性に限定されていたということが、重要な意味を持つ。男女首長が政治的統率者に選ばれる慣わしだった倭の社会に、男性首長が政治的優位を占める状況が新たに生まれたのである。

†甲冑を副葬する男性首長

古墳被葬者の性別を埋葬人骨から考えるにあたっては、性別判定に堪えうる人骨の遺存例がごく少ないという困難がある。そこで、性別のわかる人骨に伴う副葬品を手がかりに、男女で異なる副葬品の特色を明らかにし、人骨の遺存しない場合にも副葬品から男女首長の割合を考察していく方法がとられることになる。それによると、刀剣類は女性首長にも副葬されるが、鏃《やじり》と甲冑《かっちゅう》は主に男性首長に伴う副葬品とされる。前方後円墳の主要埋葬施設に鏃／甲冑が副葬される割合は、古墳時代前期には五〇〜六七％だが、中期（ほぼ四世紀末から五世紀）には九〇％を超えるという（前掲、清家『卑弥呼と女性首長』）。軍事統率者たる男性首長が数において女性首長を圧倒する様相が、中期にはみられるようになるのである。

五世紀における鉄製甲冑の生産と流通は、倭王を中心とする有力首長層の連合体が、対外軍事活動の活発化に対応して、量産体制のもと、戦闘に参加する各地の首長に供与したと考えられる（松木武彦「日本列島の武力抗争と古代国家形成」）。『宋書』倭国伝が載せる倭王武の上表文は、「昔より祖禰《そでい》躬《みずか》ら甲冑《かっちゅう》を擐《めぐ》らし、山川を跋渉《ばっしょう》し、寧処《ねいしょ》するに遑《いとま》あらず。東のかた毛人《もうじん》五十五国を征し、西のかた衆夷《しゅうい》六十六国を服し、渡りて海の北の九十五国を平《たい》らぐ」（昔から我が祖先は、自ら甲冑を身につけて、山を駆けめぐり川を渡り、落ち着くひまもなかった。東方は毛人の五五カ国を征服し、西方はもろもろの夷の六六カ国を服属させ、海を渡って北の九五カ国を平定した）と述べる。まさに、甲冑をまとった軍事王の表象そのものといえよう。

だが、対外軍事活動を契機に首長の軍事編成が進み、男性首長の数的優位がもたらされたとしても、そのことは政治的統率者としての女性首長が列島上から姿を消したことを意味するのだろうか。

3　伝承のイヒトヨ

†飯豊王の執政

『記』『紀』の王統譜によると、雄略の子の清寧《せいねい》には子孫がなく、履中《りちゅう》の孫にあたるオケ（仁賢《にんけん》）・ヲケ（顕宗《けんそう》）の兄弟が播磨《はりま》で発見され、清寧の後を継いだという（雄略と履中の関係は前節図1参照）。この時、王統断絶の危機にあって重要な役割を果たしたとされる女性が、飯豊《いいとよ》王である。兄弟の姉とも姨《おば》ともいい、『記』『紀』でも伝えは一致しない。兄弟の父は、雄略に滅ぼされた市辺忍歯《いちべのおしは》王である。王位継承をめぐっての争いがあり、いったんは滅ぼされた側に王系が移ったことになる。しかし仁賢の子の武烈《ぶれつ》で再び王系が絶え、はるか昔の王の末裔《まつえい》を称するヲホド王（継体）が、六世紀初に地方から迎えられて即位した、というのが『記』『紀』の語るところである。

飯豊王の役割については、巫女《ふじょ》王としての性格を論じた折口信夫《おりくちしのぶ》（「女帝考」）以来の諸説がある。しかし重要なことは、顕宗《けんそう》即位前紀に「飯豊青皇女《いいとよのあおのひめみこ》、忍海角刺宮《おしみのつのさしのみや》に、臨朝秉政《みかどまつりごと》し、自ら忍海飯豊青尊《おしみのいいとよのあおのみこと》と称す」（飯豊青皇女は、忍海の角刺官で国政を行い、忍海飯豊青尊と自称した）とあるように、彼女が「臨朝秉政《りんちょうへいせい》」（空位の期間に国政をとること）したとの伝えである。死亡記事にも「飯豊青尊崩じ、葛城埴口丘陵《かづらきのはにくちのおかのみささぎ》に葬る」（飯豊青尊が亡くなったので、葛城の埴口丘の陵に葬った）とあり、『書紀』は天皇に使われる「尊」「崩」「陵」の文字によって、実質的に王位にあり執政した人物として彼女を描こうとしている。平安末期の『扶《ふ》桑略記《そうりゃっき》』が清寧の次に「飯豊天皇、廿四代、女帝」と記すように、後世の史書は飯豊を天皇とみなした。序章で述べたように、彼女が「女帝」枠からはずされたのは、大正一五年（一九二六）のことである。

　飯豊の執政は雄略から継体の間のこととされるから、およそ五世紀末頃である。だが、伝承を実年代にあてはめることにはあまり意味がない。オケ・ヲケ兄弟の発見自体が、父を殺されて地方に潜んでいた牧童が、宴会の席で名乗りをあげ都に迎えられたという、はなはだ物語的内容である。史実としては、いくつかの王系に絞られてきたとはいっても、この時代の王位は世襲原理にはなっておらず、他の豪族たちの支持を求めて常に実力抗争がくり返されていたとみなければならない。そうした中で、年長女性（姉／姨《おば》）が王位継承に関与し、場合によっては執政者ともなり得たことをこの伝承は示している。

†鳥獣名の男女首長

飯豊王は、「飯豊青皇女」「忍海飯豊青尊」「飯豊青尊」の他にも「青海郎女《あおみのいらつめ》／飯豊郎女」「飯豊皇女」「青海皇女」「忍海部女王《おしぬみべのひめみこ》」と様々な名で記される。「皇女」／「女王」（ひめみこ）というのは七世紀末に成立する称号で、それ以前は男女区別なく「＊＊王」（みこ）と呼ばれていた（第二章3節参照）。「郎女《いらつめ》」は豪族女性の一般的尊称、「尊《みこと》」は王の尊称だから、本来の伝承としては、「飯豊／青海」が実名部分で、執政者としての王名が「飯豊青尊」である。「忍海部」「青海」は、「忍海角刺宮」で執政したことから派生した名だろう。「我こそは忍海角刺宮で天下を治める、飯豊の青の尊なるぞ」という誇らかな自称からみても、「飯豊・青」が彼女の名前の根幹である。

まず、「飯豊」＝イヒトヨについて考えてみよう。イヒトヨというのは、本居宣長《もとおりのりなが》の指摘するように（『古事記伝』三八巻）、フクロウ（ヨタカ）のことである。「休留《いひとよ》」（皇極《こうぎょく》三年三月条）や「茅鴟《いひとよ》」（天武一〇年八月条）の表記例もある。『記』『紀』の天皇名をみわたすと、後世的な美称尊称ではなく簡単な実名が知られるのは、応神（ホムタワケ）から継体（ヲホド）にかけてである。実年代でいえば、ほぼ五世紀前後にあたる。そこでは、仁徳（オオササギ＝大雀）、武烈（ワカササギ＝若雀）といった鳥の名前が目につく。

「イヒトヨ」は、それらと同時期の王名とみて違和感がない。また『古事記』には、即位前のヲケ王（顕宗）と豪族（平群《へぐり》氏）の妻争いの歌物語がある。そこに登場する男の名は「シビ＝鮪」、女の名は「オホイヲ＝大魚」である。三輪山の麓《ふもと》で雄略に求愛された童女《をとめ》の名も「アカヰ＝赤猪」だった。五世紀頃のヤマトの王は、豪族たちとも共通する身近な鳥獣名を、男女区別なく名乗っていたのである。イヒトヨの伝承は、その時代に女の王＝執政者がいたことを、おぼろげながら私たちに伝えてくれる（義江明子「巫女王の真実」）。

さらに、『風土記《ふどき》』の「土蜘蛛《つちぐも》」伝承にも目を広げてみよう。そこには、「打猴《うちさる》」（肥前国）や「黒鷲《くろわし》」（陸奥国）などの鳥獣名のほかに、「青《あお》」や「白《しろ》」（豊後国）の名がみえる。「土蜘蛛」というのは、八世紀初めに『風土記』の撰進《せんしん》を命じた朝廷の側からの蔑称に過ぎない。実態は、侵入者であるヤマトの勢力と戦った各地の首長たちである。

「青」「白」はごく単純だが、当時の観念からすると強い呪術的意味の込められた名だったらしい。天磐戸《あまのいわと》神話で、アマテラスを外におびき出すために使われたのが、上枝《ほつえ》と中枝《なかつえ》に玉と鏡、下枝《しずえ》に「白丹寸手《しろにきて》・青丹寸手《あおにきて》」（幣《ぬさ》）をかけて尊い神の姿を装った木だった。ヤマトの豪族にも「青」はいた。雄略＝ワカタケルが中国南部の「呉《くれ》」に派遣した使者の名は、「身狭村主青《むさのすぐりあお》」である（雄略一四年正月条）。

「飯豊の青」とは、ヤマト王権が中国との外交や軍事活動を通じて各地に勢力を広げていった五世紀頃の、大首長＝「王」にふさわしい名前だったのである。

†伏流する女性首長

鏃／甲冑を副葬する男性首長の割合が九〇％を超えるとされる古墳時代中期以降にも、女性首長が全く姿を消したわけではない。丹後《たんご》半島の付け根、日本海にそそぐ竹野《たけの》川《がわ》上流の大谷《おおたに》古墳（京都府京丹後市）は、五世紀前半の帆立貝式前方後円墳（全長三二メートル）である。そこには、熟年女性が単独で葬られていた。この地域では傑出した規模の盟主墳である（森浩一「古墳にみる女性の社会的地位」）。棺内には鉄剣などとともに、美しい玉飾りと鉄斧《てつおの》も副葬されていた。より上位の首長ネットワークを通じて朝鮮半島から鉄製品を入手し、生産活動をリードした地域首長だったのだろう。

古墳時代中〜後期には、小規模な古墳が密集する群集墳が増えてくる。小首長ないし有力者層の墳墓である。六〇期あまりからなる丹切《たんぎり》古墳群（奈良県宇陀市）の六号墳（直径一二メートルの円墳）からは、成年期の女性人骨が検出された。六号墳は、丹切古墳群の中で最古の古墳である。つまりこの女性は、群集墳築造のきっかけとなった始祖的存在であるらしい。女性が墳墓の主要埋葬あるいは単独で埋葬される事例は、後期古墳でも一定程度存在するという（清家章『埋葬からみた古墳時代』）。軍事首長が優勢を占めるようになっても、社会全体の双系的親族構造は続き、女性始祖や女性小首長を生み出し続けたのである。

倭の五王と中国官爵について述べたことを思い出してほしい。中国の史書は、遣使朝貢してきた倭王を、その順に記録した。「倭」姓を名乗る彼らが、前に遣使した王の「世子」／「弟」だと主張すると、それを続柄として記載した。遣使しなかった倭王が列島上にいたとしても、それは記録されなかったのである。続柄の主張も、実際の父子関係や兄弟関係を意味するとは限らなかった。

倭の側は各ランクの将軍号授与を切望し、それを手がかりに国内有力首長層の序列化をはかったが、その際に授与の対象になるのは、中国の官爵システムからいって男性だけだった。軍事指導者が主要な地位を占め、古墳の多くに男性首長が甲冑とともに副葬されるようになっても、それは、地域を政治的に統括する首長層に女性がいなかったことを意味するわけではない。倭王についても、中国側史書に記載されない女の王がいた可能性を、イヒトヨの伝承は示唆する。

†卑弥呼とワカタケル

「鬼道《きどう》を事《こと》とし、能《よ》く衆を惑《まど》わす」(鬼神をまつり、人々を心服させた)とされる三世紀の卑弥呼と、「甲冑を擐《めぐ》らし」(ヨロイを身にまとって)征服に明け暮れたと誇る五世紀の将軍ワカタケル（雄略）は、全く異なるタイプの王にみえる。巫女《ふじょ》王と軍事王の典型とされてきたのも、不思議ではない。しかし実は両者には、倭王としての共通点があった。

一つは、外国の使者に会おうとしなかったことである。先述の「身《む》狭村主青《さのすぐりあお》」が「呉《くれの》国《くに》の使」とともに帰国した時、ワカタケルは宮殿から離れた仮設の迎接館で臣下に応接させ、自分は会っていない（『書紀』雄略一四年正月～四月条）。卑弥呼も、「親魏倭王」に任じる詔書《しょうしょ》・印綬《いんじゅ》をもって倭国にやってきた魏使と、直接には会っていない可能性が高い。のち七世紀初の推古朝に隋使が来た時は、小《お》墾田宮《はりだのみや》の朝庭にまで入り国書を奉呈するという画期的変化があったが、推古自身は奥の大殿《おおとの》にいて直接の会見はしなかった（第五章2節参照）。

天皇が外国使の前に姿を現すのは、中国式の都城や官僚制が整う文武《もんむ》二年（六九八）が最初である（田島公「外交と儀礼」）。『魏志』倭人伝の「王となりてより以来、見ることある者少なし」という記述からは、ややもすると宮殿の奥深く籠もる神秘的巫女王を連想してしまう。しかしこれは卑弥呼だけの特質ではなく、外国の使者に対して〝みえない王〟であることは、軍事王ワカタケルも含めて倭国王としての強固な伝統だったのである。

もう一つは、「佐治《さじ》」についてである。倭人伝の「男弟《だんてい》有りて国を佐《たす》け治《おさ》む」という記述を「（卑弥呼ではなく）男弟が実際の政務を執《と》った」と解釈し、そのように記述する教科書もある。しかし埼玉県稲荷山古墳出土鉄剣銘文には、被葬者と思われる「ヲワケ臣」が「ワカタケル大王」に仕え、「天下を左治」したとある。ヲワケは、ワカタケル（雄略）の天下統治を「左《たす》け治めた」のである。

五世紀の倭王位は、有力首長の中から実力者が選ばれて就く地位だった。王位の強化が図られていくものの、基本は連合政権であり、複数の有力首長が支える体制だった。卑弥呼が首長たちに「共立」され、有力首長に「佐治」されるあり方と基本的には同じである。「男弟」も有力首長の一人だろう。「弟」とあっても肉親の弟とは限らず、同世代の年少者を指す語である。私たちは、稲荷山鉄剣の「左治」の文字をみて、（ワカタケルではなく）ヲワケが実際の政務を行ったとは思うまい。この点からみても、卑弥呼とワカタケルは基本的に同質の倭王だったのである。

『書紀』の編者は、『魏志』にみえる「倭女王」を神功《じんぐう》皇后になぞらえようとした。神功《じんぐう》皇后自体は伝承上の人物だが、神功皇后摂政期の三九〜四三年条に、「魏志に云《いわ》く……」として、景初《けいしょ》三年（二三九）から正始《せいし》四年（二四三）の卑弥呼関係記事を引いて、架空の神功皇后に年代設定の枠組みを与えたのである。伝承の中で神功は、臨月の身で武装し、「斧鉞《ふえつ／おのまさかり》」をとって軍令を発し、大軍を率いて朝鮮に攻め入ったとされる女性である。興味深いことに、武装して軍事指揮をする身重《みおも》の神功皇后と『魏志』の卑弥呼を重ねあわせることに、八世紀初の『書紀』編者は何も疑問を持たなかったらしい。

　卑弥呼は、狗奴国《くな》の男王卑弥弓呼《ひみくこ》と互いに攻撃する厳しい対立関係にあり、魏の出先機関である帯方郡《たいほう》にその苦しい状況を訴えた。だが激励の「黄幢《こうとう》」（軍事指揮にあたって掲げる黄色の旗）を持った使者が倭国に到着した時、すでに卑弥呼は亡くなっていた。卑弥呼の一連の外交は、まさに王だけがなし得る軍事指揮の一環にほかならない。もし存命であったならば、卑弥呼が「黄幢」を掲げて軍令を発したことも考えられよう。のち七世紀後半のことになるが、高齢の斉明《さいめい》は百済救援軍を率いて征西し、北九州の前進基地で没した（第四章2節）。

『魏志』倭人伝を虚心に読み直すと、正反対にみえる卑弥呼とワカタケルが実は同質の王であったことが、様々にみえてくるのである。

第二章　世襲王権の成立

1　婚姻と血統の重視

†継体の即位

『記』『紀』によると、播磨《はりま》で発見されたオケ（仁賢《にんけん》）とヲケ（顕宗《けんそう》）の兄弟が王位を譲り合い、弟→兄の順で即位したのち、仁賢の子の武烈《ぶれつ》でこの王系は絶えた。仁賢が没した時には平群真鳥《へぐりのまとり》が専権をふるっていたが、もう一人の有力者大伴金村《おおとものかなむら》が真鳥を伐ち、「太子」（武烈）に即位を勧めた。そこで武烈は王位に就き、金村を「大連《おおむらじ》」とした（武烈即位前紀）。武烈は仁賢のただ一人の男子で、「太子《たいし》」だったとされる。それでも、武烈の王位継承はすんなり実現したわけではない。有力豪族（群臣）の武力による争いがあり、その勝者の推挙があってはじめて王位に就くことができた、という語りに注目してほしい。『書紀』は古くから「太子」の語を用いているが、これは編纂時の潤色《じゅんしょく》で、史実ではない。現在では、「皇太子」の制度は七世紀末の飛鳥浄御原令《あすかきよみはらりょう》で成立したことが明らかになっている（荒木敏夫『日本古代の皇太子』）。〝群臣が治天下大王を選出し、新大王は群臣の地位を任命／確認する〟というのが、五～七世紀を通じた倭王権の基本的なシステムだった（吉村武彦「古代の王位継承と群臣」）。

武烈の場合でいうと、金村を筆頭とする「群臣」が武烈を王に選び、即位した武烈は金村を「大連」に任じた、という関係である。全体としてみれば、首長制社会の相互依存的な王権構造といえよう（佐藤長門「倭王権における合議制の機能と構造」）。五世紀末頃には、王を出す系統はいくつかに絞られていただろうが、血縁による継承順位が自明の原則になってはいなかったのである。

武烈が子を残さないまま没すると、「群臣」が複数候補について合議した結果、「枝孫《みあなすえ》を妙《くわ》しく簡《えら》ぶに、賢者《さかしきみこ》は唯《ただ》し男大迹《をほど》ならくのみ」（過去の大王たちの子孫の中から選ぶと、賢者はヲホド王だけだ）として、近江《おうみ》の三国《みくに》からヲホドを迎えた。統治者としてふさわしい人物（「賢者」）は誰か、豪族たちの評価の結果、ヲホド＝継体が選ばれたのである。豪族を代表して大伴金村が奉げる「天子の鏡・剣の璽符《みしるし》」を受けて、ヲホドは即位した（継体即位前紀)。『記』『紀』は継体を応神天皇五世の孫とするが、これは継体の子孫によって世襲王権が成立したのちに、過去の複数王系を統合した王統譜が作られていった結果である(川口勝康「五世紀の大王と王統譜を探る」)。実際には、継体は畿内周辺部で勢力を蓄えた豪族であり、実力による争いを勝ち抜き、群臣の支持を得て王位に就き、異なる王系を創始したのだろう。

オケ・ヲケ兄弟の発見から武烈の即位、その暴虐と王系断絶まで、『記』『紀』の語りはきわめて説話的で、一つ一つを文字通りの史実とみることはできない。雄略没後に長く続いた王位継承をめぐる混乱を、継体は実力で再統合したのである。〝王統断絶の危機を乗り越えて遠い傍系から即位した継体〟という語りは、のちに作られた王統譜を前提とする『書紀』の歴史観の産物に過ぎない。継体自身は、従来の群臣推挙システムに沿って選出された王だった。その意味で、倭王権の権力構造は継体の前後を通じて続いているとみるべきだろう(義江明子『古代王権論』)。

†欽明とその子たち

継体を擁立した群臣は、先王仁賢の娘手《た》白香《しらか》を「皇后」とするように要請した。「皇后」も、『書紀』は古くからあったように描いているが、実際には七世紀末に成立した称号/

地位で、天武キサキの鸕野讃良《うののさらら》（のちの持統）が最初の皇后である。「皇后」以外の複数キサキの間の序列は、八世紀初の大宝令で定まった（第五章1節参照）。

継体と手白香との婚姻は前王系とのつながりを示す上で重要だったが、二人の間に生まれた子に王位継承の優先権があったわけではない。継体の没後は、即位前からのキサキ尾張目子媛《おわりのめこひめ》を母とする安閑《あんかん》・宣化《せんか》、次いで手白香を母とする欽明《きんめい》が即位した。異母兄弟の間での争い（内乱）を想定する説もある。実態としては、実力抗争で王者が定まるのは当時においては当然のことだった。敢えていうなら、安閑・宣化・欽明以外の、継体とは異なる系統の王が擁立される可能性すら、当時においてはあり得たのではないか。

だが、欽明のあとには母の異なる四人の男女子――敏達《びだつ》・用明《ようめい》・崇峻《すしゅん》・推古《すいこ》――が次々に即位した。五世紀には考えられない事態である。古代の史書『上宮聖徳法王帝説《じょうぐうしょうとくほうおうていせつ》』（以下、『帝説』と記す）は、欽明から推古までを列挙して、「右、五天皇は他人を雑《まじ》うること無く天《あめ》の下治《したしら》しめす」と特筆する。「他人を雑《まじ》えず」、つまり欽明から始まる一つの血統での王位継承は、当時の人々にとって驚くべき出来事だったのである。欽明に続く男女子四名の連続即位という事実の積み重ねによって、結果的に、世襲王権は成立した。

以後、血統が王位継承の重要な要件となる。「王」は古くからいたが、それは社会的存在としての〝王族〟がいたことを意味しない。婚姻と血統でつながる王族は、世襲王権の形成とともに、六～七世紀に形づくられていく（遠山美都男「上宮王家論」）。その際、双系的親族構造を土台とする古代の倭では、父方だけではなく母方の血統も重要だったので、王位継承候補者群としての双系的王族集団が形成されていった。この状況のもと、王と王族にとって、婚姻は政治的選択としてきわめて重要な意義を持つことになった。五世紀とは異なるこうした条件のもとで、『書紀』の記す最初の女帝、推古が登場する。

†濃密な近親婚の意味

欽明は、蘇我稲目《そがのいなめ》の娘堅塩《きたし》と小姉《おあね》の二人をキサキとするとともに、異母兄宣化《せんか》の娘石姫《いしひめ》とも婚姻している。自らの子孫に王位を確保していくためには、新興の蘇我氏との緊密な連携を必要とし、同時に、継体の子世代内部の結束を固めることも重要だったのである。欽明のあとに即位した男女四子のうち、敏達《びだつ》の母は石姫、用明《ようめい》と推古の母は蘇我堅塩《きたし》、崇峻《すしゅん》の母は堅塩の同母妹小姉である。そして、敏達と推古、用明と間人《はしひと》（小姉の娘）は、それぞれ異母兄妹婚をして子を儲けた。その子たち、つまり欽明の孫世代も、蘇我系王族の内部を固める近親婚と、非蘇我系の敏達子孫を蘇我系と結びつける婚姻を重ねていく（図2）。異母兄妹婚を含む王族近親婚の濃密なくり返しは、欽明子世代以降の顕著な特色である。

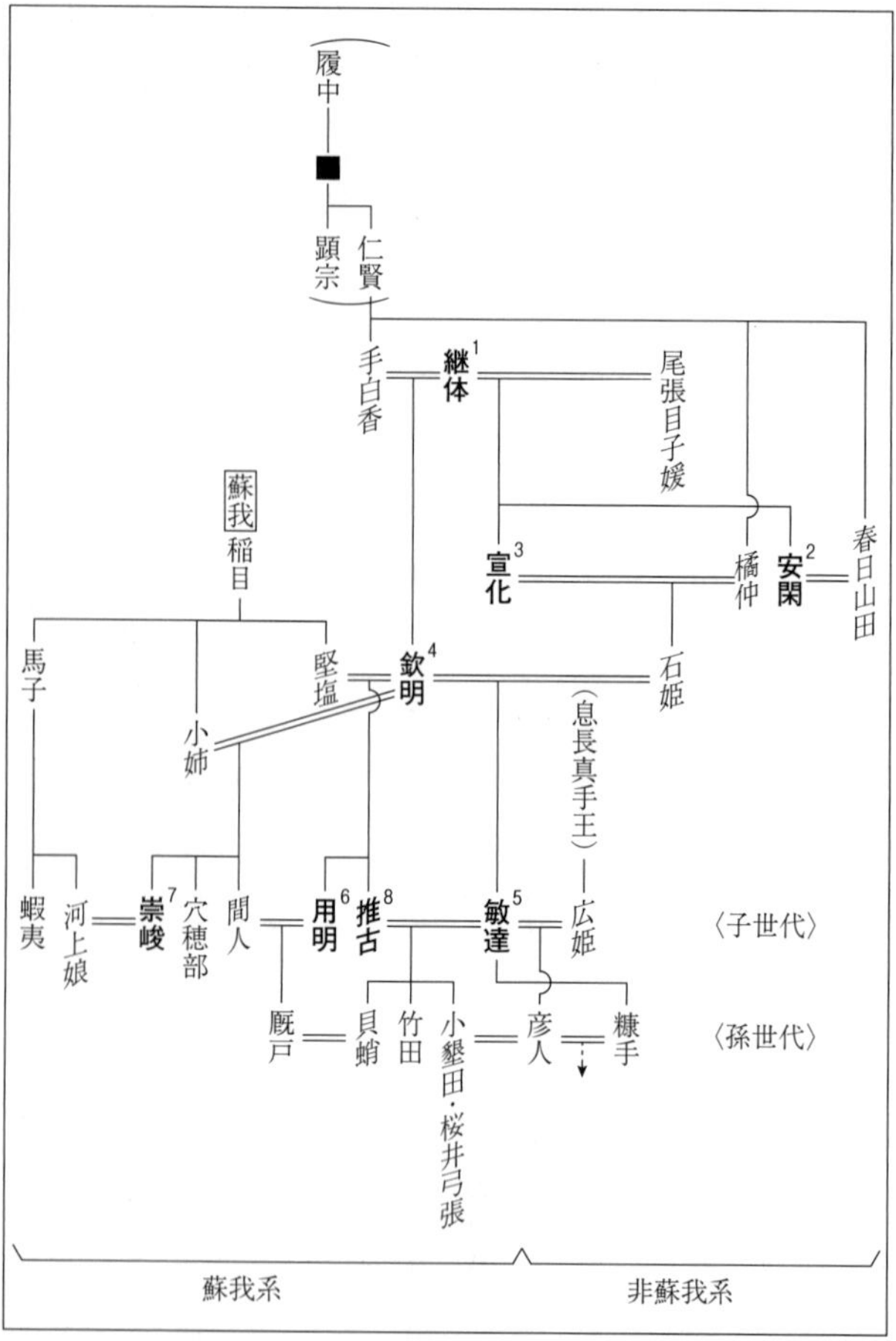

図２　蘇我系・非蘇我系の王族近親婚。太字は天皇、数字は王位継承順、斜字は女性。

世襲王権の成立とほぼ並行して、六世紀には部民《べみん》制・国造《こくぞう》制などによる政治的支配／従属関係の深化が進んだ。これによって、支配層の最上層部に権威・財が集中し始める。双系的社会では、財産は父母双方から男女子に均等に伝えるのが原則だった。また、政治的権威や社会的地位も、父方母方双方から受け継がれた。こうした親族構造のもと、まず王権周辺で近親婚が集中的になされ、権威・財の分散を防ぎつつ、核となる複数の王統と王族群が形成されていったのである（義江明子「系譜様式論からみた大王と氏」）。

ただしこれを、世襲王権の血統的権威／神聖性の高まりとしてだけ理解するのは誤りだろう。大伴氏・藤原氏といった有力氏族についても、七世紀後半から八世紀にかけて近親婚をくり返す現象がみられる（西野悠紀子「律令体制下の氏族と近親婚」）。律令国家の形成により、この時期には国家機構上の地位に応じて上層官人（貴族）に勢威と財が集積され始めた。そこで貴族も一族内部で近親婚を行い、政治的権威結集の核を生み出そうとしたのである。藤原不比等《ふひと》の四子は、奈良時代にはそれぞれが上級官人となり、「北家《ほっけ》」「南家《なんけ》」などに分かれた。すると今度は、その「家」内部での近親婚が始まる。

こうした動きは、父系のラインでだけ行われたのではない。高位の女官県犬養橘三千代《あがたいぬかいのたちばなのみちよ》の場合は、息子の諸兄《もろえ》（父は美努王《みぬおう》）が王族を辞して「橘氏」を創始し、母の政治的勢威《せいい》と財の継承をはかった。と同時に、同母異父妹の多比能《たびの》（父は藤原不比等）と婚姻し、奈《な》良麻呂《らまろ》を儲けている（第六章2節図11）。古代の支配層における近親婚が、双系社会での政治的結集をめざして行われたことがよくわかる例である。

2　世代原理と即位年齢

†熟年男女の即位

継体以降、七世紀末までの大王／天皇の即位年齢は、継体が五八歳、用明が四六歳、天《てん》智《じ》が四三歳というように、ほぼ四〇歳以上であることが明らかにされている。女帝も推古が三九歳、皇極《こうぎょく》が四九歳、持統《じとう》が四六歳で、この点での性差はみられない（仁藤敦史『女帝の世紀』）。

最も若いのは欽明の三一歳だが、『書紀』欽明即位前紀によると、欽明は「余《おのれ》、幼年《としわか》く浅識《さとりすくな》くして、未《いま》だ政事《まつりごと》に閑《なら》わず。山田皇后《やまだのきさき》、明らかに百揆《もものまつりごと》に閑《なら》えり」（私は幼くて知識も浅く、政治に熟達していない。山田皇后は国政全般に通じている）として、先王安閑《あんかん》のキサキである山田皇女（仁賢の娘）に譲ろうとしたという。この挿話が史実かどうかは別にして、三一歳の男性は「幼年」で国政を担うには未熟とみられたこと、一方で熟年の先王キサキは国政に習熟していたこと、女性を統治者には不向きとする観念がなかったことが、ここから読み取れよう。

七世紀末に、祖母持統の強力な後見のもと一五歳の文武《もんむ》が即位するまで、世襲王権下の倭国では、熟年男女による統治が続いた。六〜七世紀は、中国・朝鮮諸国との対立／緊張関係のもとで、倭国が古代国家としての体制を確立していく激動期である。支配機構が未熟な中で、王には群臣を心服させるだけの統率力／個人的資質が必要だった。「幼年」の王はあり得なかったのである。七世紀末に律令国家の仕組みができて、それまでに比べて格段に若い文武が即位したが、それも経験豊かな持統の後見／共治があってはじめて可能だった（第五章3節）。それ以前、群臣が統率力のある王を選ぶにあたっては、基本的に性差はなかったのである。

†長老の統率する社会

古代の王位継承は、かつては無前提に古くから父系直系継承だと考えられていた。その後、長子の系統が優先する兄弟継承から律令的な嫡系《ちゃくけい》継承へという流れが示され（井上光貞「古代の皇太子」）、定説となった。しかしその立論の前提となっていた応神以降の王統譜の信憑性、世襲王権の存在、古来の長子相続観念などが必ずしも自明ではないことが、その後の研究で明らかにされた。その結果、現在では、同世代における実力者の間での王位継承が尽くされてから次の世代に移る「世代内継承」の考え方（大平聡「日本古代王権継承試論」）が、基本になっている。五世紀以前の複数王系間での世代内継承の原則が、六世紀の世襲王権成立以降、同世代の血統的有資格者内での継承として整備されたとみられる。そこでは年齢が執政能力の担保要因となり、（男子優先の傾向を伴いつつ）同世代の男女が即位した（大平聡「女帝・皇后・近親婚」）。

他方で近年、古代の村落にもほぼ四〇歳以上を男女長老とみなす年齢原理があったらしいことが明らかになった（田中禎昭「古代戸籍と年齢原理」）。王権論において指摘されてきた「世代内継承」の慣行とは、たんに王位継承に関わる血統序列の問題ではなく、社会の基層にある男女長老観を土台とすることが見えてきたのである。

†群臣が〝えらぶ〟王

継体即位のところでみたように、「群臣」（有力豪族たち）は複数いる候補の中からヲホド（継体）を簡《えら》び、王の璽符《みしるし》（レガリア）を捧げて即位を要請した。卑弥呼が「共立」された三世紀から、連合政権の盟主が倭王となる四～五世紀を通じて、血統による王位継承が原則とはなっていなかった。王は、連合を構成する首長たちが〝えらぶ〟ものだったのである。

大王権が確立していくに伴って、文字通りの「共立」から儀礼的な群臣推戴《ぐんしんすいたい》までの、幅のあるシステムが形成されていったとみられる。世襲王権が形成されても、この基本構造は変わらなかった。血統にもとづく明確な継承順序は定まっておらず、「世代内継承」の慣行のもとで常に複数の有力候補者が並立した。群臣は、それぞれに意中の候補を擁立して争ったのである。

倭の社会の親族構造は双系的なものだったので、世襲王権のもとでは男子だけでなく女子も王位継承候補となり、統治能力にすぐれた女性王族は、状況に応じて群臣の支持を集めて王位に就くことが可能だった。双系的親族構造と王を〝えらぶ〟システムの存在が、女性を排除しない古代王権の特質につながったといえよう。

3　キサキと大兄

†大王とキサキの別居慣行

一般にはあまり知られていないが、倭王とキサキたちは別々の宮に住んでいた。『書紀』

に「後宮《こうきゆう》」と記された事例を検討すると、六世紀の敏達の「皇后」（のちの推古）、七世紀前半の厩戸王《うまやど》（「聖徳太子」）のキサキたち、七世紀後半の天武のキサキたち（「皇后」＝のちの持統も含む）が自分自身の宮に住んでいたことが明らかになる。それらの宮は、出身氏族／王族の勢力をバックとする彼女たちの経営拠点（「宅」＝ヤケ）であり、大王との婚姻後も、そこで独立性を保ち続けたのである（三崎裕子「キサキの宮の存在形態について」）。

『書紀』は漢字・漢文を用い、中国古典の用語／観念で書かれている。そのため、私たちは「後宮に納《い》る」といった表現を眼にすると、文字通りキサキが大王宮に移ったと思ってしまう。しかしこれは実際には、「キサキの身分になった」ことを表しているに過ぎない。

中国は父系・夫方居住婚の規範が確立した社会だったのに対して、倭／日本は双系・別居（ないし妻方居住）婚の社会だった。漢語の「嫁」「娶」には、中国の婚姻習慣にもとづいて、女性が男性方に婚出するという空間移動の意味が含まれている。しかし和語での婚姻表現は「つまどひ」「かよひ」「むことり」などで、これは別居訪問婚ないし男性の女性方への空間移動を表す言葉である。漢字・漢語で書かれた古代の史料を読む際には、漢語の持つ意味に惑わされることなく、和語を基軸に真実をみていかなければならない（胡潔『律令制度と日本古代の婚姻・家族に関する研究』）。

とはいっても、大勢のキサキたちが後宮に集住して大王に仕えたという通説的イメージは、研究者の間でもなかなか拭いきれなかった。しかし平城宮の発掘調査が進み、内裏《だいり》内にキサキたちの居住空間、いわゆる後宮殿舎《でんしゃ》に相当する建物は存在しないことが明らかになって、こうした思い込みは克服された。奈良時代の皇后・キサキも、内裏外に独自の宮／宅（ヤケ）を営んでいたのである。長岡宮・平安宮の発掘成果とも総合すると、奈良末から平安初頭にかけて、まず「皇后宮」、次いでキサキたちの居住空間＝「後宮」が内裏内に成立したとみられる（終章）。

女帝が多く出現した六世紀末から八世紀後半は、キサキたちそれぞれが自分の宮で、自分の生んだ御子《みこ》たちを育てる仕組みの社会だったのである。

†「娶いて生む子」の系譜

当時の系譜は、父母が「娶《みあ》いて生む子」という形で自己の社会的位置を示す双系的様式のものだった。典型的な形は『古事記』の天皇系譜にみられ、『帝説』の厩戸王《うまやどおう》（「聖徳太子」）関係系譜もほぼ同様である。これらの系譜は、のちの父系系譜様式とは全く異なっている。敏達天皇の系譜を例に、具体的に見てみよう。

（渟《ぬ》中《な》倉太珠敷《くらふとたましき》）天皇、庶妹《ままいも》①豊御食《とよみけ》炊屋《かしきや》比《ひ》売命《めのみこと》と**娶**《みあ》いて、**生**みし**御子**《みこ》は静貝王《しづかいのみこ》、亦《また》の

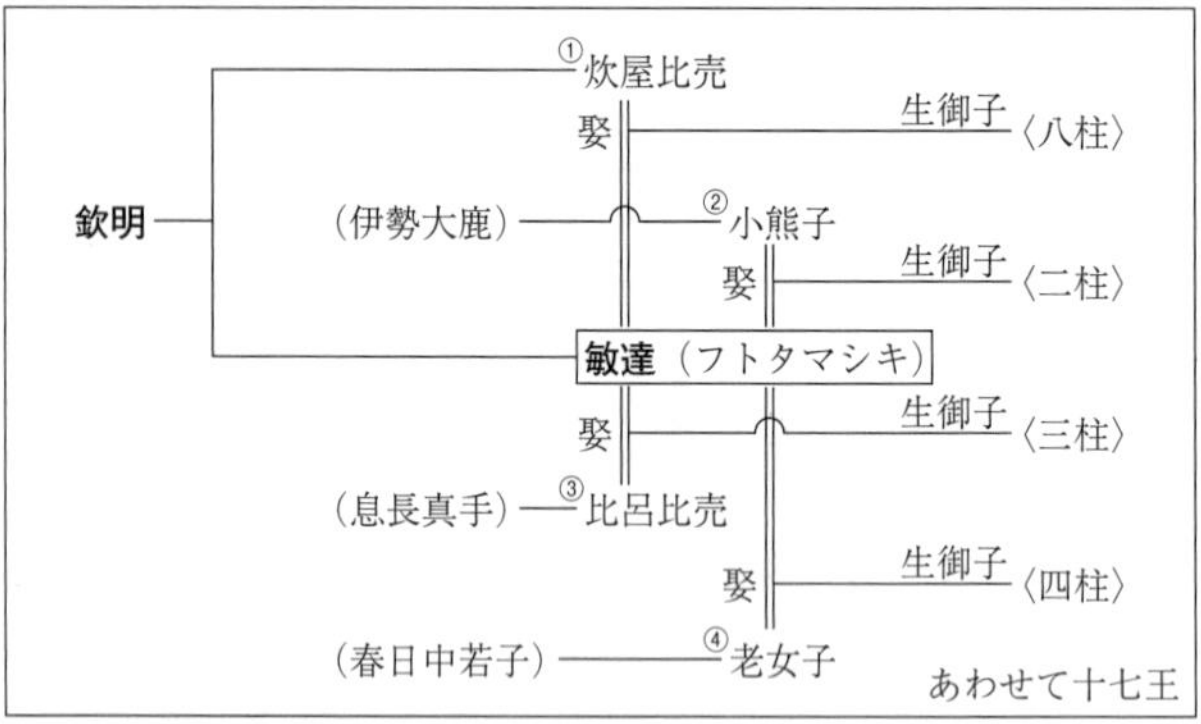

図３　『古事記』敏達「娶生」系譜の構成

名は貝鮹《かいたこ》王。次に竹田《たけだ》王、亦の名は小貝《おかい》王。次に小治田《おはりだ》王。次に葛城《かづらき》王。次に宇毛理《うもり》王。次に小張《おわり》王。次に多米《ため》王。次に桜井玄《さくらいのゆみはり》王。〈八《や》柱《はしら》〉。又、伊勢大鹿首《いせのおおかのおびと》の女《むすめ》、②小熊子郎女《おくまこのいらつめ》と**娶**いて、**生**みし**御子**は布斗比売《ふとひめ》命。次宝《たから》王、又の名は糠代比売《あらてひめ》王。〈二柱《ふたはしら》〉。又、息長真手《おきながのまて》王の女、③比呂比売《ひろひめ》命と**娶**いて、**生**みし**御子**は忍坂《おしさかの》日子人《ひこひと》太子、又の名は麻呂古《まろこ》王。次に坂騰《さかのぼり》王。次に宇遅《うぢ》王。〈三柱《みはしら》〉。又、④春日中若子《かすがのなかのわくご》の女、老女子《おみなこ》郎女と**娶**いて、**生**みし**御子**は難波王。次に桑田《くわた》王。次春日《かすが》王。次大俣《おおまた》王。〈四柱《よはしら》〉。此の天皇の御子《みこ》等、并《あわ》せて十七王なり。

敏達（渟中倉太珠敷）には①欽明の娘である異母妹炊屋比売（推古）、②伊勢の小熊子、③真手王の娘比呂比売、④春日の老女子、の四人のキサキがいた。

キサキごとに「娶いて生む御子」という特徴的な文言をくり返して、そのキサキの生んだ男女子の名が列挙される。①は八名、②は二名、③は三名、④は四名の男女御子を生み、総計すると敏達の御子は「十七王」だと記されている（図3）。

同母子単位で御子たちがくくられることに注意してほしい。これは、キサキがそれぞれ敏達とは別の宮にいて、生まれた御子たちは（母の出身氏族の勢力を基盤に）その宮で生育するという生活実態が背景にあるからである。御子たちは男女混合で生まれた順に記載されるので、同母の子どもたちのキョウダイ順は明らかである。しかし父敏達からみた御子たち一七名の出生順は、この系譜からはわからない。のちの父系系譜では同母異母にかかわらず父からみた子が出生順に数え上げられるので、こうしたことにはならない。双系様式の系譜が作られていた六〜七世紀には、父を基軸とする社会的まとまりはのちの時代に比べると相対的に弱かったのだろう。

豪族層でも同様の系譜が作られていたことは、「山上碑《やまのうえ》」（群馬県所在、国史跡・世界遺産）の「黒売刀自《くろめのとじ》が大児臣《おおこのおみ》に娶《みあ》いて生む児長利僧《こちょうりのほうし》」という系譜で確認できる。作られたのは「辛巳年」（辛巳《しんし》＝六八一、天武一〇年）である。この場合は、母方黒売刀自一族の方が在地における勢威が高く、長利が母のために記した系譜なので、女性を主体にした〝女が男と娶う〟という表現になる（義江明子「「山の上碑」の「児」「孫」「娶」」）。

「娶」の訓《よ》みは普通、漢和辞典などで調べると「メトル」だが、私は古代の史料では「ミアヒ」と訓むべきだと思う。漢語の「娶」は「女」＋「取」で「メをトル」という意味になり、古代中国の嫁取婚《よめとりこん》（夫方居住婚）にふさわしい。しかし、古代の倭／日本の婚姻形態は中国とは全く異なり、別居訪問婚／妻方居住婚である。系譜の定型句「娶生」の二文字で、当時の人はどのような倭語を表そうとしたのだろうか。

手がかりとなるのは、『古事記』の国生み神話である。イザナギ（男神）とイザナミ（女神）は互いに「なんと良い女よ」「なんと良い男よ」と呼びかけ合い、「御合して」次々に島々（日本列島）を「生」んだ。「娶・生・子」の系譜定型句が、この神話では「御合・生・島」になっている。つまり、「御合」＝「娶」で、訓みは「ミアヒ」である（義江明子「「ミアヒテウム」をめぐって」）。「メトル」は男性主体だが、「ミアヒ」は男女が主体となる婚姻語なので、「山上碑」のように〝女が男と娶う〟という表現も可能なのである。

日本ものちには嫁取婚になるので、それ以後なら「娶」＝「メトル」の訓みは間違いではない。ちなみに奈良時代以前の語を収録する専門辞典として定評のある『時代別国語大辞典上代編』（三省堂）には、「めとる」という項目は存在せず、「ミアフ」の項目に「結婚する」の意味がある。「娶」＝「メトル」の訓みが当時の辞書に登場するのは、一三世紀頃の『類聚名義抄《るいじゅうみょうぎしょう》』が最初とされる（『日本国語大辞典』小学館）。

†男女の「王」

もう一つ注目すべきことがある。それは、男女の御子たちが「＊＊王」という「王」号を持つことである。五世紀の倭五王の時代には、連合の盟主である大王だけが、中国皇帝から「倭王」の正式称号を得た。高句麗《こうくり》王や百済《くだら》王と同様に、〝皇帝―（蕃夷《ばんい》の国名）王〟という序列である。中国国内では、皇帝の男子が封爵《ふうしゃく》を得て、〝皇帝―（封国名）王〟の序列となる。

しかし五王の最後の武（雄略）で中国への遣使は途絶え、中国皇帝から「倭王」に任じられることもなくなった。五世紀末から六世紀前半にかけての王位継承をめぐる争いを経て、欽明とその男女子による世襲王権が成立する。新たな社会階層として〝王族〟集団が形成され、（倭国内では）男女の御子《みこ》が「＊＊（実名）王」と称されることになったのである。漢語の「王」号が、和語の「みこ」と重ね合わされ、個人名の尊称接尾辞へと意義を転換させたことがみてとれよう。漢語としてみれば、「王」号の拡散ともいえる。

これによって倭国内では、〝大王《おおきみ》―王《きみ／みこ》―一般豪族〟の序列が形成されていった。他方で国外に目を転じると、高句麗《こうくり》王も百済《くだら》王も中国との関係では〝皇帝―王〟の序列であり、国内では「大王《だいおう》」を称した。倭国内における「王」号の拡散は、一面でこうした従来の国際的秩序とは距離をおくことを意味しよう。「大王／王」に代わる君主号として「天皇」号の模索が始まるのも、ほぼ同時期とみられる（第三章参照）。

中国では称号の男女別は明確で、皇帝の男子は「王」、女子は「公主」である。女子が「＊＊王」と称せられることはない。しかし倭国では、拡散した「王」号は男女区別なく適用された。双系的社会では、男女子の社会的地位は原理的に均等だからである。推古の実名は額田部《ぬかたべ》王、弟崇峻の実名は泊瀬部《はっせべ》王である。

†同母子単位の「大兄」とキサキ

御子たちの中には、「大兄《おおえ》」と称せられる男子がいる。かつては、「大兄」は王位継承に関わる制度で皇太子制の前身をなすと考えられていた（井上光貞「古代の皇太子」）。現在では、「一族の長」を指す親族用語であり、王族以外にも使われたことが明らかになっている。王族の場合には、同母単位の代表（多くは長子）が「大兄」と呼ばれ、王位継承争いにからむ存在となる（荒木敏夫『日本古代の皇太子』）。個人名とみられる大兄（大江／大枝）を除くと、王族の「大兄」は七例が知られる。

継体の御子である安閑《あんかん》以降、つまり世襲王権の形成につれて、統率的立場の男性年長者を指す親族用語「大兄」が、王位継承にからむ政治性を帯びた地位呼称の意味をもち始めることが理解できよう。欽明と舒明《じょめい》には、異母所生の複数の「大兄」がいる。欽明の場合には、石姫《いしひめ》所生の「箭《や》田珠勝大兄《たのたまかつのおおえ》」が若くして亡くなったあと、同母弟の敏達が父欽明を継ぎ、敏達の次には異母（蘇我）堅塩媛《きたしひめ》所生の「大兄王《おおえのみこ》」が即位した（用明）。舒明の場合、（蘇我）法提郎媛《ほほていらつめ》所生の「古人大兄《ふるひとのおおえ》」は皇極四年（六四五）の乙巳《いっし》の変で退けられ、異母宝王《たからのみこ》所生の「中大兄《なかのおおえ》」は母（皇極＝斉明）の没後に即位した（天智）。中大兄の「中」は二番目の意味である。

キサキの宮を経営拠点／生活空間とする同母子単位において、男の統率者が「大兄」だとすれば、女の統率者はその母（キサキ）だろう。王族近親婚が盛んに行なわれた当時、キサキ自身が先王の有力御子である場合も少なくない。そうしたキサキは、宮経営を通じて所生御子のための政治基盤を用意しただけではなく、（皇極＝斉明のように）自らが即位もしたのである。

「娶生」様式の双系系譜では、子の血統的地位を決定する存在として父母の名を相称的に記し、男女子区別なく出生順に同母のキョウダイの名を列記する。後世の家系《かけい》

父	母	大兄名
継体	尾張目子媛	勾大兄→**安閑**
欽明	石姫	箭田珠勝大兄
欽明	蘇我堅塩媛	大兄→**用明**
敏達	広姫	押坂彦人大兄
厩戸王	蘇我刀自古	山背大兄×
舒明	蘇我法提郎媛	古人大兄×
舒明	宝王→**皇極**	中大兄→**天智**

表1　王族の「大兄」。太字は天皇、×は政争の敗者。

図《ず》（父系系譜）には父と男子の名前だけがあって、女子は全く記載されないか、されても「女／女子」とだけで個人名はないことと比べると、大きな違いである。

古代において双系系譜が作られた背景には、同母子単位の生活実態があり、男女子の社会的地位に基本的な差はなかった。しかしこうした仕組みは、七世紀末〜八世紀初の律令国家形成期に大きく変わる。父系帰属原理が公的に導入され、双系的系譜はもはや作られなくなる。御子たちは男女別の称号「皇子《みこ》／皇女《ひめみこ》」を与えられ、男女で異なる待遇が規定されて、国家的な資養システムに組み込まれていくのである。

女帝輩出の基盤をなした双系的親族構造や同母子単位の生活実態は、制度が変わったからといってすぐになくなるものではない。しかし徐々にそのあり方には変容がもたらされ、八世紀後半で古代女帝の歴史は終わる。日本は次第に父系社会になっていくのである。本書では変容以前の女帝を第Ⅱ部で、八世紀初からの変容以後の女帝を第Ⅲ部でみていく。

Ⅱ 王権の自律化をめざして

飛鳥大仏の推定復元図(奈良文化財研究所飛鳥資料館蔵)

第三章

推古──王族長老女性の即位

1 群臣の推戴を受けて

†異母兄敏達との婚姻

推古《すいこ》（額田部王《ぬかたべ》）は、欽明と蘇我堅塩《そがのきたし》（稲目の娘）の間に生まれ、一八歳で異母兄敏達《びだつ》のキサキとなった（推古即位前紀）。没年齢から逆算すると、婚姻は敏達即位の前年（五七一）である。姉の磐隈《いわくま》は「姧《かだまし》」によって伊勢大神に仕える職を解かれ（欽明二年三月条）、「中女《なかつめ》」である額田部が堅塩媛所生子《きたしひめしよせいし》の長女《えめ》の立場だったらしい。額田部と敏達との婚姻には、欽明の子世代において蘇我系と非蘇我系をつなぐ重要な意味があった（第二章1節図2）。稲目は庚寅年《こういん》（五七〇）三月（『元興寺縁起《がんごうじえんぎ》』では己丑年《きちゆう》（五六九））、欽明は五七一年四月に相次いで没した。二人の婚姻は、両者の遺志を受けてのことだったのではないか。『書紀』は、死の床に伏した欽明が「皇太子」（敏達）を呼び寄せて後事を託したとする。しかしこの挿話全体が、『魏志』の文による潤色である（日本古典文学体系『日本書紀』欽明三二年四月条頭注）。これ以前、地方から迎えられた継体の即位事情～異母兄たちとの抗争をうかがわせる欽明の即位紀年をめぐる混乱～欽明と稲目の連携による世襲王権成立～敏達没後の激しい継承争い（後述）など、六世紀初頭以降の王権をめぐる客観的状況を考え合わせると、欽明の付託による「皇太子」即位という『書紀』の語りは、きわめて疑わしい。欽明が殯《もがり》を終えて埋葬されたのは九月、敏達の即位は翌年四月で、欽明死去の一年後である。憶測をたくましくすれば、稲目と欽明という二大支柱を相ついで失った群臣の間には様々な動きがあり、額田部との婚姻がなされてようやく敏達の即位が実現した、とも考えられるのではないか。

敏達には四人のキサキがいた（第二章3節図3）。『書紀』は、息長真手王《おきながまて》の娘広姫《ひろひめ》「皇后」が敏達四年（五七五）一一月に没したあと、翌五年（五七六）三月に額田部を「皇后」に立てたと記す。実際には当時まだ皇后の地位／名称はないので、これはもちろん『書紀』の潤色である。広姫と額田部は有力なキサキではあるが、二人の間での優劣は不明瞭だったとみるべきだろう。『書紀』が広姫を「皇后」とするのは、広姫所生の彦人《ひこひと》の子孫が七世紀半ば以降の王統、つまり『書紀』編纂時の天皇につながるからである。

敏達は治世一四年目の乙巳年《いつし》（五八五）に四八歳（『本朝皇胤紹運録《ほんちょうこういんしょううんろく》』、以下『紹運録』と記す）で没した。時に額田部は三五歳。十数年におよぶキサキとしての経験を積み、働き盛りの年齢になっていた。敏達の御子は一七名で、うち広姫所生子は一男三女の四名、額田部所生子は二男五女の七名（『古事記』では八名）である。広姫の男子彦人《ひこひと》は、額田部の男子竹田《たけだ》のやや年長だったらしい。二つの同母子単位は敏達死後も並存し、次世代の王位継承構想に複雑にからんでいくことになる。ただし広姫はすでに亡く、彦人も竹田もまだ一〇代の少年だったから、敏達が没した直後のこの時点で敏達王系を代表して行動する立場にあるのは、額田部だった。

†継承争いを主導

敏達の殯宮《もがりのみや》は広瀬に設けられ、諸臣による誄《しのびごと》（死者の霊に向けて述べる言葉）奏上がなされた。そこで、蘇我馬子《そがのうまこ》と物部守屋《もののべのもりや》の対立が顕《あら》わとなる。御子たちの争いも激しく、敏達異母弟の穴穂部《あなほべ》（母は蘇我小姉《おあね》）は天下を取ると声高に公言した（敏達一四年八月条）。そうした中で、翌年（五八六）五月、穴穂部が額田部を「奸《おか》」そうとして殯宮に押し入るという事件が起きる。三輪君逆《みわのきみさかし》が拒んでその場は事なきをえたが、穴穂部の意を受けた守屋によって、まもなく逆は討たれてしまう。この事件をきっかけにして、額田部を擁する馬子と穴穂部を擁する守屋は、武力による全面対決に至る。いわゆる「丁未《ていび》の役《えき》」（五八七年）である。

穴穂部は『古事記』欽明系譜では「須売伊呂杼《すめいろど》」、『書紀』用明二年四月条でも「皇弟皇子《すめいろどのみこ》」と記される。欽明子世代の中で、「スメイロド」と呼ばれる特別な位置にあったらしい。「スメ」は尊貴な〝聖〟の意味である。穴穂部は用明の異母弟だが、二人の母は同母姉妹（稲目の娘の堅塩と小姉）なので、血縁としてはごく近い。蘇我系御子の中で用明に次ぐ特別に尊貴な御子という意味で、「イロド」（同母弟）になぞらえられたのだろう（義江明子『推古天皇』。以下、本章の叙述は同書にもとづく）。

こうした穴穂部の位置づけに注目すると、漢語で表現された穴穂部の「姧」にも、異なった解釈が可能となる。同時代の中国では、礼の秩序によらない男女の関係はすべて「姦／姧」とみなされたが、倭の社会にはそのような礼の観念は存在しなかった。男女の合意による性関係が即「婚姻」であり、女性の合意がない場合に「姦／姧」とされたのである（関口裕子「日本古代における「姦」について」）。つまり、殯宮に押し入ろうとした穴穂部が意図していたのは、蘇我系王族中の長老女性たる異母姉額田部との、〝婚姻〟だったのではないか。

もしこの〝婚姻〟が実現していたならば、「スメイロド」穴穂部は、額田部と並んで欽明の子世代における主導的立場を得ることができただろう。だが額田部は穴穂部の野心を敢然としりぞけ、叔父馬子とともに「丁未の役」とその後の政局をリードしていく。『書紀』の用明紀は、「丁未の役」の詳細な記述と仏教関係の文飾、「聖徳太子」の誕生説話を除くと、ほとんど記事らしい記事がない。足かけ一年半ほどの短い治世の間も、病身の用明に代わって実質的に国政を主導する立場にあったのは、同母妹額田部と二人の叔父にあたる馬子だったと推定される。

額田部の政治的立場はこれまで、基本的に先帝敏達の「皇后」であることに求められてきた。その延長線上に、女帝としての即位をみる説が有力だったのである。しかし用明キサキの間人《はしひと》は、欽明の子で馬子の姪《めい》（母は小姉）なので、血統的には額田部と同等だが、彼女に政治的活動の痕跡はない。用明治世の短さと本人の資質の故だろうか。逆にいえば、敏達没後に顕著となる額田部の政治活動は、キサキの地位や血統のみによるのではなく、同世代王族の中での長老女性としての立場と、王権中枢での長年のキサキ経験、そして卓越した本人の資質によるとみるべきだろう。

馬子は額田部の叔父なので、額田部に対して指導的立場にあったように錯覚しがちだが、年齢的にはほとんど変わらない。母堅塩を通じて幼少時より蘇我稲目宅で親しく接していたと思われ、七〇歳半ばで相次いで亡くなるまで、二人は政治上の緊密な同志だった。

用明死去（丁未年〔五八七〕四月）の直後に挙兵を企《くわだ》てた守屋と穴穂部に対して、馬子は「速《すみ》やかに行って殺せ」との額田部の「詔《みことのり》」を奉じて、御子たちと群臣よりなる軍《いくさ》を発し、最終的な勝利を収めた。非蘇我系の広姫所生子とも向き合いながら蘇我系の優位を保とうとする額田部の立ち位置の微妙さが、敏達キサキとしての期間を通じて、厳しい局面での彼女の政治判断の力を鍛えていったのではないか。敏達没後も、額田部は同母兄用明を支え、殯宮での穴穂部の脅しに屈することなく、叔父馬子との連携を守り抜いた。馬子が、守屋との全面対決にあたって額田部を奉じ、諸豪族がその「詔」に従ったのは、統率者としての額田部の力量への信頼があったからだろう。

†崇峻の失政から額田部即位へ

「丁未《ていび》の役」は馬子・額田部側の勝利に終わり、守屋の死の翌月、五八七年八月に「炊屋《かしきや》姫尊《ひめのみこと》（額田部）と群臣」は泊瀬部《はつせべ》に勧めて即位させた。これが崇峻《すしゅん》である。泊瀬部は穴穂部の同母弟で、穴穂部と組んだ時期もあったようだが（用明元年五月条或本云《あるほんいわく》）、守屋討滅の戦いでは馬子の側に加わり、「諸皇子」の筆頭に名を連ねた。竹田以下、欽明孫世代の年少の御子は名前だけの参陣だっただろうから、実質的に戦いに加わった欽明御子として、泊瀬部は群臣に一定の存在感を示したことになる。

群臣に「詔」を発して軍兵を動員する力を持っていた額田部は、なぜこの時に即位しなかったのだろうか。額田部＝推古以後は、八世紀半ばまで男女ほぼ同数の割合で女帝が輩出する。そのことを考えると、推古の即位までは女性の即位を阻む何らかの要因があり、推古はそれを突破して、以後の女帝即位に道を開いたことになる。その要因とは、「倭の五王」に代表される軍事王の歴史だろう。三世紀の卑弥呼・台与《とよ》をみてもわかるように、倭国の国内統治において女性統治者を排除する社会通念は、そもそもは存在しない。しかし五世紀を通じて、中国皇帝から授与される将軍号を軸に軍事編成と国内豪族の組織化が進み、王が男であることは既定事実となっていった。

その後、世襲王権の形成につれて、六世紀半ばの欽明の頃には血統的条件が王位継承の第一要件に浮上する。濃密な近親婚が展開されるのは、欽明の子世代からである。倭は双系的親族構造の社会だったので、血統的条件そのものに男女の優劣はない。財産の相続においても同様で、王族男女は経営拠点としてのヤケ（宮）を持ち、そこに仕える中小豪族との密接な人格的絆《きずな》を築いていった。その中で、「大兄」「キサキ」などの地位を自己の政治資産として巧みに活用できた者、鋭敏な政治感覚で有力豪族との連携を固めることのできた者が、御子たちの中で頭角を現していく。額田部はその一人だった。

額田部の「詔」を奉じて軍兵を動かし勝利を得た群臣は、額田部の政治的力量を充分に認識していただろう。だが、二年におよぶ対立／争乱が平定されたところで、まずは欽明子世代で蘇我系有力御子の男（泊瀬部）を選んだのである。しかし、即位後の崇峻は執政者としての資質の欠如を顕わにして、馬子と決定的に対立し、殺されてしまう（崇峻五年〔五九二〕一一月）。

崇峻は即日、「倉椅《くらはし》の岡の上」に葬られた（『古事記』）。「先皇《せんこう》」（過去の歴代天皇）の墓を守る陵戸《りょうこ》の設定は持統五年（六九一）に始まるが、陵戸も守戸《しゅこ》もない天皇は崇峻だけである（『延喜式』治部省陵墓歴名）。『書紀』の巻頭名は「泊瀬部天皇《はつせべのすめらみこと》」で、死後に贈られて先帝の治世を象徴する意味を持つ和風諡号《しごう》はない。崇峻は、『書紀』の王統譜には名を連ねるものの、先皇／先帝とはみなされなかったことになる。衝撃的な〝王殺し〟は、馬子一人の横暴ではなく、足かけ五年の治世をみてきた群臣が崇峻を見放した結果である。

ここに至って「群臣」は額田部に即位を要請し、「天皇の璽印《みしるし》」を奉った。額田部は三九歳になっていた。王としての資質に欠ける崇峻が暴力的に排除されたあと、安定した政治を回復できる統率力のある執政者を、群臣は切望していた。額田部は満を持して即位し、期待に応える治世を馬子とともに実現した。群臣の間にあった男王へのこだわりは、彼女の長年の統治実績によって払拭されたのである。推古のあとには、男女が相半ばする形での王位継承が八世紀半ばまで続く。

†欽明孫世代の御子たち

額田部の即位はこれまで、崇峻暗殺後の混乱を避けるため、あるいは欽明孫世代の争いを一時回避するために叔父の馬子にかつがれた、と説明されることが多かった。いわゆる女帝「中つぎ」説である。しかし本当にそうだろうか。推古即位の時点で、欽明子世代の有力御子はもはやいない。欽明孫世代の年齢的筆頭は敏達御子の彦人《ひこひと》と竹田《たけだ》で、用明御子の厩戸《うまやど》がそれに次ぐ。

彦人と竹田については、「丁未の役」に先立つ同年四月に、守屋側の中臣勝海《なかとみのかつみ》が「太子彦人皇子の像《かたち》と竹田皇子の像」を作って呪詛《じゅそ》したとの記事がある。ここから、二人は「皇位継承の有力候補者で、穴穂部が天皇になるのに邪魔な存在だったから」（新編日本古典文学全集『日本書紀』頭注）という解釈が、一般になされてきた。しかし丁未年には、二人はまだ一〇代後半に過ぎない。近年明らかになった、経験豊かな熟年世代が王に擁立されるという六〜七世紀の慣行に照らせば、当面の継承候補として問題になるような存在ではない。彦人を「太子」とする潤色も含めて、呪詛記事の信憑性は大いに疑問が持たれる。

彦人の息子の舒明《じょめい》は、『紹運録』の崩年から逆算すると推古元年（五九三）の生まれであ

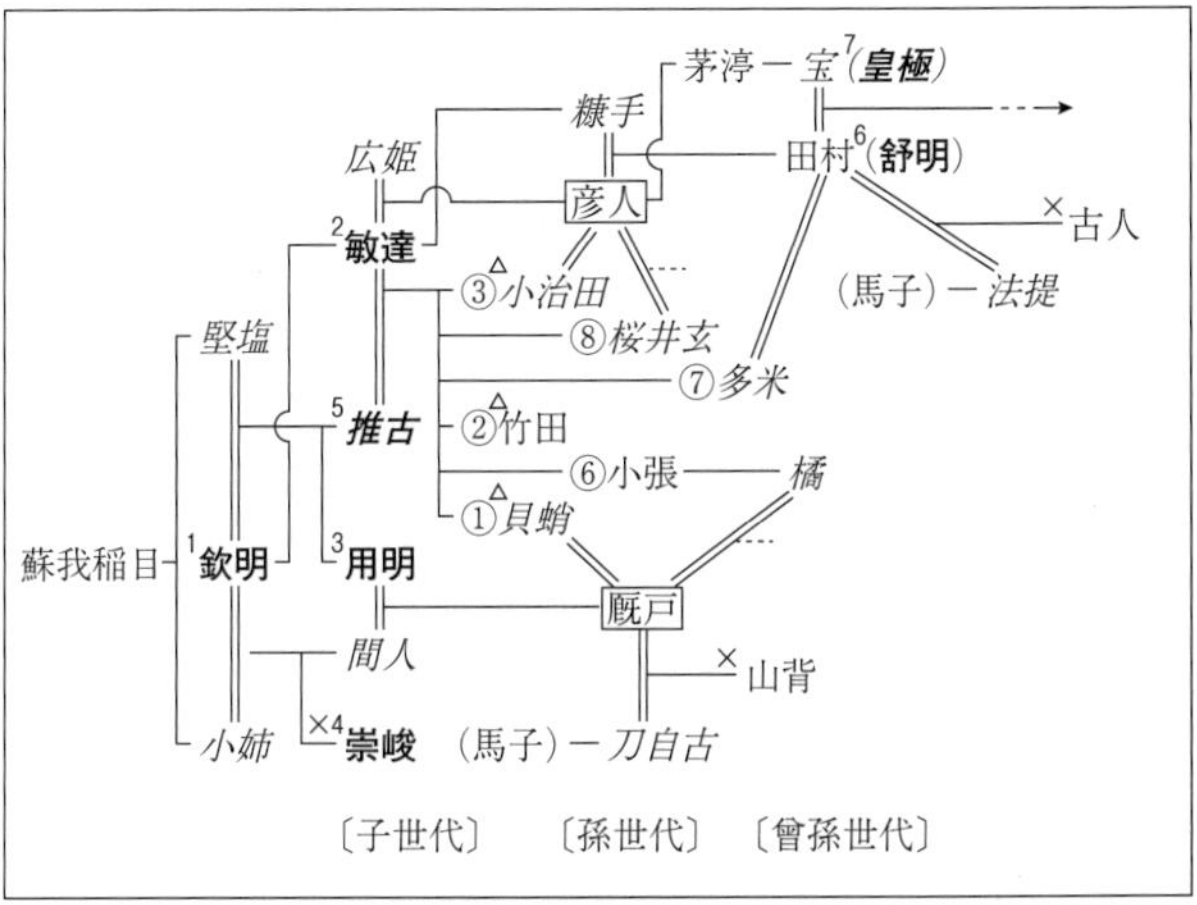

図4　推古子女と彦人・厩戸との婚姻。太字は天皇、数字は王位継承順、斜字は女性、丸数字は『古事記』記載推古子女の出生順、△は所生子なく死去、…は所生子あり、×は政争の敗者。

る。その下にもさらに二人の子がいるから、少なくとも推古即位後数年、彦人は生存していた。竹田が推古に先だって亡くなったことは、のちに推古が竹田の墓に追葬されるので明らかだが、没年はわからない。

そもそも特別の役割ないし何らかの事件に関わって亡くなった場合を除き、一般の御子の死没年は『記』『紀』には記載されない。彦人と竹田の没年が不明なことは、逆に、生前において二人が特別な存在ではなかったことを示唆するのではないか。推古は、欽明子世代の長老女性の立場で、兄弟に続き即位したのである。

†子女婚姻策の狙いと挫折

即位前後から、推古は自分の次を見据えて積極的な婚姻策を展開し始める。欽明孫世代の彦人、厩戸、さらには彦人の子舒明にまで、執拗といってよいほどに自分の娘・孫娘を娶《めあ》わせていくのである（図4）。

このあたりの系譜記事は『記』『紀』の間でも異同／矛盾があり、図4に示した婚姻関係にも疑問がないわけではない。だが大勢としてみれば、彦人系と厩戸系のどちらが次世代を担うことになっても、女系を介した推古自身の血統をそこに重ねるべく、積極的な婚姻策を展開したことは間違いない。しかし、第一子の貝蛸《かいたこ》（厩戸妃）も第三子の小治田《おはりだ》（彦人妃）も子を残さずに亡くなり、続いて配した末女の桜井玄《ゆみはり》と孫娘の橘《たちばな》は子をなしたものの、彦人と厩戸の没時にはまだ幼少だった。推古没後の継承争いは、欽明曾孫世代の（推古の血統ではない）田村＝舒明と山背《やましろ》の間で争われることになる（本章3節）。推古の婚姻策は、結果的には実を結ぶことなく終わるのである（倉本一宏「推古天皇」）。だがもし実現していたならば、当時の双系的血統観に照らして、それは推古王統ともいえるものになったのではないか。

2　仏法興隆と遣隋使派遣

†「三宝興隆」詔と馬子・厩戸

三六年におよぶ推古治世の最大の功績は、仏法興隆と遣隋使派遣だろう。治世二年（五九四）の二月、推古は「三宝興隆《さんぼうこうりゅう》」の詔を発した。『書紀』は、「皇太子及び大臣《おおおみ》に詔《みことのり》し、三宝《さんぼう》を興《おこ》し隆《さか》えしむ」と記す。ここから、「皇太子」＝厩戸と「大臣」＝馬子を仏教興隆の担い手とみるのは、妥当だろうか。前年の推古元年紀をみると、四月に「厩戸豊聡《とよと》耳《みみ》皇子」を「皇太子」に立て、政《まつりごと》を摂《と》らせて「万機《ばんき》を悉《ことごと》く委《ゆだ》ねた」とある。〝推古に代わって国政を担った聖徳太子〟という通説は、この記事にもとづく。しかし現在では、皇太子制の成立は七世紀末であることが明らかにされていて、厩戸の立太子《りったいし》は史実ではない。厩戸を皇太子・摂政とするのが『書紀』編纂時の造作であることは、すでに多くの研究があるので、ここではくり返さない。

他方で、厩戸の聡明さを示す「トヨトミミ」（豊聡耳）は、「元興寺《がんごうじ》縁起」所載の「塔露《とうろ》盤《ばん》銘」にも「有麻移刀等《うまやとと》（巳《よ》）刀弥ゝ乃弥己等《とみみのみこと》」とあり、生前の称とみてよいだろう（仁藤敦史「「聖徳太子」の名号について」）。また近年、法隆寺釈迦《しやか》三尊像光背銘《さんぞんぞうこうはいめい》は、そこに記す通り「癸未《きび》年」（六二三、推古三一）の作成とみてよいことが、制作技法から明らかにされた（東野治之「法隆寺金堂釈迦三尊像の光背銘」）。「癸未年」は死没の翌年であり、厩戸の実像解明につながる一級資料である。

そこには「上宮法皇《かみつみやののりのきみ》」の語が刻まれていて、「法皇」（法《のり》のキミ＝王）という称号も、生前に成立していた可能性が高い。「上宮」は宮の位置にちなむ称で、「法」は仏法《ぶつぽう》のことである。『書紀』には、「豊聡耳法大王《とよとみみののりのおおきみ》」の称がみえる（用明元年〔五八六〕正月条）。後世に盛んになるような太子神秘化の様相は、死没直後の釈迦三尊像光背銘には特にみられない。政治的な働きへの言及もない。〝仏法に優れた聡明な王〟というのが、推古朝における厩戸評価の実像だろう。

推古元年紀から、厩戸関係の虚構――立太子・万機摂政《ばんきせつしよう》・誕生説話・四天王寺《してんのうじ》造営――を除くと、あとには正月の法興寺《ほうこうじ》（飛鳥寺）造営開始記事と、九月の河内磯長《しなが》陵への敏達埋葬記事しか残らない。これが推古朝初年の史実であり、馬子との協調のもと翌二年にうちだした治世最初の基本政策が、「三宝興隆」だったことになる。

厩戸は、『帝説』の甲午《こうご》年（五七四、敏達三）誕生説にしたがえば、「丁未《ていび》の役《えき》」の時点で一四歳、推古元年にはまだ二〇歳である。二〇歳は現代の感覚では成人の年齢だが、長老原理が優勢な六〜七世紀当時、統治者としては四〇歳前後でやっと一人前だった。この基準に照らすと、三九歳で即位した推古、およびほぼ同年代の叔父馬子は、まさに働き盛りである。二〇歳になったばかりの厩戸が、天皇に代わり「万機」を担うなどということは、ありえない。

推古朝初年における厩戸の客観的位置は、欽明孫世代における蘇我系有力御子という点にあった。推古一〇年（六〇二）から翌年にかけて、厩戸の同母／異母兄弟が対新羅将軍に任命される。用明の御子たちが、重要な国事を担える年齢に達したのである。同じ時期、同世代の敏達御子である彦人と竹田は、どこにも名前がみえない。二人とも死没年不明だが、この頃までには亡くなっていたのだろう。

用明御子筆頭の厩戸は、推古九年（六〇一）に斑鳩《いかるが》に宮を作り始め、一三年（六〇五）にそこに遷《うつ》った。時に三二歳である。考古学的調査によると、法隆寺の前身をなす若草伽藍《わかくさがらん》の造営もこの頃に開始されたらしい。推古元・二年紀の疑わしい修飾記事を除くと、斑鳩宮《いかるがのみや》造営／遷居が『書紀』における厩戸登場の最初である。推古と馬子による「三宝興隆」は、国政領導者としての、国際関係をも視野に入れた国家政策だった。それに対して厩戸の立場は、〝仏教教義に深い理解力を持つ有力王族〟としてそれを支えるところにあったのではないか。『帝説』の、「嶋大臣《しまのおおおみ》（馬子）と共に天下の政《まつりごと》を輔《たす》けて、三宝を興隆」したという厩戸評価があてはまるのは、この頃からだろう。

†讃え名「カシキヤヒメ」

私たちが見慣れた漢字二字の天皇名は八世紀半ば過ぎにつけられた漢風諡号といわれるもので、「推古」は彼女の在世時の名ではない。推古の実名が額田部《ぬかたべ》であることは、『書紀』推古即位前紀で知られる。それ以外の史料では、『記』『紀』でも同時代の金石文《きんせきぶん》などでも、もっぱら「豊御食炊屋姫尊《とよみけかしきやひめのみこと》」/「炊屋姫尊」である。

かつては、「御食」「炊」の文字から農耕神事との関わりを想定し、神に供物《くもつ》をする巫女的性格を表すとの説もあった。いわゆる女帝「巫女《みこ》」説の流れをくむ考え方である。しかしこれは語義からの類推だけで、それ以上の根拠はない。推古がその治世において、特に農耕神事に深く関与した形跡もない。推古の治績としてみた場合、「カシキヤヒメ」は何を表すのだろうか。

「大安寺縁起《だいあんじえんぎ》」には、七世紀後半の話として、百済大寺《くだらおおでら》(のちの大安寺)造営の行く末を案じる斉明《さいめい》に対して、息子の天智《てんじ》が「肩に鉈《なた》を背負い、腰に斧を刺して、造り奉《まつ》ります」と誓い、「仲天皇《なかつすめらみこと》」(女帝の一人らしいが、誰を指すかは諸説あり不明)が「私もともに、炊女《かしきめ》として造り奉ります」と声をそろえて答える、という場面がある。〝工《たくみ》としての寺院建造〟

と〝炊女としての御食《みけ》奉献〟が対の形で、男女の天皇による大寺造営の決意として語られているのである。寺院には、湯屋《ゆや》や庁屋《ちょうや》とともに炊屋《かしきや》も設けられるのが常だった。

これ以前、六世紀に仏教が伝来して以降の草創期にあって、王権による仏法興隆策を推進した外護《げご》者としての女性の大王を讃えた名、それが「カシキヤヒメ」なのではないか。そこにさらに国家繁栄を願う荘厳句「トヨミケ」を加えて、死後の和風諡号ともされたのだろう（義江明子「推古天皇の讃え名〝トヨミケカシキヤヒメ〟を巡る一考察」）。当時の人々は、仏法興隆を推古の最大の功績として評価していたのである。

†『隋書』にみる倭国の王権構造

推古八年にあたる六〇〇年（開皇《かいこう》二〇）、倭国は隋に使者を派遣した。中国との通交は、五世紀後半の倭王武以来、約一二〇年ぶりである。しかし、この遣使については、『隋書』倭国伝にみえるだけで『書紀』には記載がない。「倭王は天《てん》を兄《あに》、日《ひ》を弟《おとうと》としていて、日が昇ると弟にまかせて政務をやめる」という倭の風俗を使者からきいた隋の高祖《こうそ》（文帝《ぶんてい》）は、「此《これ》、太《はなは》だ義理なし」（道理にあわない）としてやめさせたという。自然と一体化した半ば呪術的な政治のやり方が国際舞台では通用しないことを、倭国の支配層は思い知らされたのである。それが、『書紀』にこの遣使を記さない理由だろう。

六〇〇年の使者は隋に対して、「倭王の姓《せい》は阿毎《あめ》、字《あざな》は多利思比孤《たりしひこ》、号は阿輩雞弥《あめきみ／おほきみ》」「王妻の号は雞弥《きみ》」「太子を名づけて利《わ》（和）歌弥多弗利《かみたふり》となす」と告げた。当時の倭国の王権の一般的構造をうかがわせる貴重な史料である（荒木敏夫「倭王・王妻・太子」）。ここにみえる倭王・王妻・太子の関係を中国の皇帝・皇后・太子という王権構造にひきつけて理解してしまうと、とんだ誤りをおかすことになる。一つ一つ吟味していこう。

古来、「タリシヒコ」の「ヒコ」を男性名接尾辞「彦」とみて、推古ではなく厩戸を指すのだろう、倭王が女であることを中国に対して隠そうとしたのだ、といった議論がされてきた。しかし、これは誤りである。大王とその一族は「高光《たかひか》る　日《ひ》の御子《みこ》」と臣下から称《たた》えられていた（『古事記』景行段・仁徳段の歌謡）。オケ（仁賢）・ヲケ（顕宗）の兄弟が播磨国に身をひそめていた時、弟のヲケが「弟日《おとひ》、僕《やつこ》らま」（弟王であるぞ、我は）と名のって自らの身分を明かしたように、「ヒ」は有力王族の自称でもあった（顕宗即位前紀）。のちの播磨国風土記が描く同じ場面では、ヲケは「市辺《いちべ》の天皇《すめらみこと》が御足末《みあなすえ》、奴僕《やつこ》らま」（市辺天皇の子孫であるぞ「我は」）と名のったとされる。「コ」はもともと〃集団のメンバー〃の意味であり、古代においては男女を区別しない（義江明子「古代の「人」・「子」」）。「ヒコ」が「ヒメ」と対の関係で、もっぱら「彦」＝男性名接尾辞として使われるようになるのは、早くても七世紀後半以降だろう。天皇の名／和風諡号《わふうしごう》で「彦」をみると、初代神武《じんむ》の「神日本磐余彦《かむやまといわれひこ》」以降、実在の不確かな十数代に集中する以外は、八世紀の聖武《しょうむ》の和風諡号「天璽国押開豊桜彦《あめしるしくにおしはるきとよさくらひこ》」が最初である。（義江明子『古代王権論』）。

「阿輩雞弥」の訓みは、アメキミ／オホキミの二通りが考えられる。どちらにせよ「キミ」は、大小の首長を指す最も一般的な倭語である。王妻も同様に「雞弥《きみ》」だという。男女首長たちの中の相対的に尊貴な者というのが、この段階の倭王の客観的位置だった。天孫降臨神話の萌芽をうかがわせる「アメ」を名乗ることで、そこから一歩抜け出ようとしていたのだろう。また、百済や高句麗の王とも共通する漢語の「大王《だいおう》」ではなく、あくまでも倭語で「アメキミ／オホキミ」と名乗った点が注目される。五世紀の「倭の五王」とは異なり、倭独自の秩序体系の中に自らの王権を位置づけ、中国に対してもそれを主張しようと模索していることがうかがえよう。

　太子を指す「ワカミタフリ」は、音の類似からタムラ＝田村（舒明）のこととする説もかつてはあった。しかし田村は当時一〇代半ばの少年に過ぎない。中国に対して女帝の存在を隠したはずだとの思い込みが、無理なこじつけにつながったのだろう。木簡の表記から、この問題は解決した。八世紀の長屋王木簡に男女の御子《みこ》を指す「若翁」の語があり、平安期の物語類にみえる「わかんどほり」の用法と共通することから、「ワカミタフリ」＝「わかんどほり」＝「若翁」であることが明らかにされたのである（東野治之『木簡が語る日本の古代』)。つまり「ワカミタフリ」の実態は、男女の御子だった。

隋の側は、〝皇帝・皇后・太子〟で構成される中国の王権を前提として、倭の王権における「王」(男)・「王妻」(唯一人の嫡妻)・「太子」(唯一人の継承者男子)の称号を問うたのだろう。だが倭国の使者は、王は「アメキミ/オホキミ」(男女)で、キサキたちも「キミ」、次世代の王族は「ワカミタフリ」(男女)と呼ばれているという、ごく大ざっぱな呼び分けしか示せなかったのである。〝大王の隔絶した権威〟〝嫡妻《ちやくさい》としての一人のキサキ〟〝唯一の継承者としての太子〟のどれもが未成立だった倭の王権構造が、くっきりと浮かび上がる。王権を構成する男女が原理的に均等だったことも、よくみえてこよう。

✝小墾田宮の外交儀礼

使者の帰国後、倭国では小墾田宮《おはりだのみや》の造営、冠位《かんい》十二階の制定、宮門《みかど》出入りの礼儀、服制などの整備が急ピッチで進められた。こうして中国との外交儀礼の場と種々の道具立てが整えられ、前回遣使から七年後の推古一五年(六〇七)、『書紀』の記録する第一回遣隋使小野妹子《おののいもこ》の派遣が実現する(氣賀澤保規「『隋書』倭国伝からみた遣隋使」)。

この遣使については、『書紀』と『隋書』の双方に記載がある。妹子は制定されたばかりの冠位十二階の第五等「大礼《たいれい》」を帯びて旅立った。これによって、外交場面で相手国中国の官品制に読み替えての位置づけが可能となる。『隋書』によると、「王多利思比孤《たりしひこ》」の使者は、「聞《き》く、海西《かいせい》の菩薩天子《ぼさつてんし》、重《かさ》ねて仏法《ぶっぽう》を興《おこ》すと。故《ゆえ》に遣わして朝拝《ちょうはい》せしめ、兼ねて沙門《しゃもん》数十人来《きた》りて仏法を学ばしむ」（海の西方の菩薩である天子は、仏教を興隆させているとお聞きしました。そこで、使者を派遣して天子を礼拝させ、同時に僧侶数十人を連れてきて仏教を学ばせようと思います）と述べたという。

六世紀以来、中国での仏教は統治思想としての意味を持ち、隋の文帝《ぶんてい》は最高の仏教者たる君主（菩薩天子）として支配権の強化をはかった。中国周辺の諸国は、菩薩天子を讃え〝仏教的朝貢〟を行って、中国を中心とする国際関係に参入しようとしたのである（河上麻由子『古代東アジア世界の対外交渉と仏教』）。

妹子が持参した国書には「日出《ひい》ずる処《ところ》の天子《てんし》、書を日没《ひぼっ》する処の天子に致《いた》す」とあり、それをみた皇帝煬帝《ようだい》は、不快感を顕わにしたという。この国書の文意は、倭を隋の上位に置こうとしたのではない。仏典「大智度論《だいちどろん》」の「日出ずる処は是れ東方」「日没する処は是れ西方」を典拠とする東と西の意味であり（東野治之「日出処・日本・ワークワーク」）、「天子」も須彌山《しゅみせん》の四方に複数存在する仏教的君主の意味で使ったらしい（河内春人「遣隋使の「致書」国書と仏教」）。仏教を受容した倭国は、仏教的宇宙観・世界観を獲得し、仏法に帰《き》依《え》する東方の王（天子）として、中国の菩薩天子に向き合おうとしたのである。

とはいえ、同じく「天子」を称することは、隋の皇帝からすれば「無礼」きわまりない。このあと、倭国は独自の君主号のありかたを模索していくことになる（次節）。

妹子は、翌推古一六年八月に隋使裴世清《はいせいせい》を伴って帰国した。迎接使が派遣され、難波津《なにわのつ》に飾船《かざりぶね》三〇艘、京《みやこ》への入り口である海石榴市《つばいち》のチマタに飾騎《かざりうま》七五匹での盛大な出迎えがなされた。倭国が外交儀礼を実践する文明国であることを披露した晴れ舞台の儀式は、『隋書』と『書紀』の双方に詳細に記載されている。海石榴市のチマタは交通の要衝《ようしょう》で、額田部の「海石榴市宮」もその付近にあった。

入京の九日後に裴世清は小墾田宮に入り、煬帝《ようだい》からの国書を奉呈《ほうてい》した。そこに推古の姿が見えないことから、ここでもやはり、馬子あるいは厩戸が「倭王」として裴世清に会ったのではないかとの議論がなされてきた。だが倭王が外国からの使者に姿を見せないのは、倭国の古くからの慣わしである（第一章3節）。小墾田宮の中にまで使者を招き入れたのは画期的変化だが、推古が使者と直接に会うことはなかった。「大門《みかど》」で隔てられた奥の「大殿《おおとの》」内にいて、「庭中《おおば》」で奏上される使旨《しし》を聴き、国書は大門前の机上に置かれた。

『隋書』倭国伝は「その王、清《せい》と相見《あいまみえ》て……」と、あたかも倭王と裴世清が直接に会って言葉を交わしたかのように記す。実際には言上役《ごんじょうやく》の「大夫《まえつきみ》」を通じてなされたやりとりを、王と使者は会見するものという中国の「賓礼《ひんれい》」（外交儀礼）に照らしてこのように描いたのだろう（田島公「外交と儀礼」）。出迎えの盛大さを誇張するなど、『隋書』には隋にとっての倭国との理想的上下関係が投影されている。

それまでの「大王宮」は、基本的に大王の住まいだった。小墾田宮はそれとは段階を異にし、外交儀礼を行うにふさわしい場として、六〇〇年の使者が帰国後に新たに造営されたのである（推古一一年〔六〇三〕に遷宮）。一六年に裴世清を迎えた時には〝大王―諸王・諸臣〟、一八年に新羅使を迎えた時には〝大王―執政大臣―大夫《まえつきみ》層〟という垂直の構造が、外交儀礼を通じて空間的に明示された。大王＝推古を頂点とする王権構造の強化が果たされたのである。

小墾田宮の所在地は、かつては豊浦寺《とゆらでら》北方の「古宮土壇《ふるみやどだん》」周辺に想定されていたが、その後、「小治田宮《おはりだのみや》」墨書土器《ぼくしょどき》が出土した雷丘東方《いかづちのおかとうほう》遺跡付近とみられるようになった。しかし古山田《こやまだ》道《みち》周辺の発掘調査により、近年では、雷丘東方遺跡は奈良時代の「小治田宮」所在地で、推古の時の小墾田宮は飛鳥寺北方域にあったとする考えが有力である（奈良文化財研究所飛鳥資料館『飛鳥・藤原京への道』）。

裴世清一行は、海石榴市のチマタから古山田道を西行し、左手に壮麗な飛鳥寺をみながら、小墾田宮「庭中」へと至ったことになる。「元興寺縁起」所載の「丈六光銘《じょうろくこうめい》」によると、戊辰《ぼしん》年（六〇八、推古一六）に「大隋国使《だいずいこくし》主《しゅ》鴻臚《こうろ》寺掌客《じしょうきゃく》 裴世清」が飛鳥寺《あすかでら》に「来《きた》りて奉《あおぎまつ》った」という。飛鳥寺は、倭国初の本格的寺院である。そこに裴世清を迎えたことは、「三宝興隆」を基軸とする国造り、そしてその一環としての中国外交の展開を象徴する出来事だった。現在も飛鳥寺本尊飛鳥大仏には、当時の丈六仏《じょうろくぶつ》の一部と台座が残る。

3 蘇我系王統のゆくえ

†「檜隈大陵」への堅塩改葬

治世二〇年目（六一二）を迎えた正月の宴で、五九歳となった推古は、大君《おおきみ》の御世《みよ》を寿《ことほ》ぐ歌を献上した馬子に、蘇我一族の忠誠を讃える歌で応えた。強い連携のもとに権力を掌握し、王権と蘇我氏の双方を強大にしてきた二人は、大きな達成感に満たされていた。

翌二月、推古と蘇我氏にとっての一大イベントが挙行された。推古の母堅塩《きたし》（稲目の娘で馬子の姉）を、父欽明の「檜隈大陵《ひのくま》」に改葬したのである。改葬に先立ち、東西方向の山田道と南北方向の下ツ道が接する軽《かる》のチマタで、堅塩の亡骸《なきがら》に向けて盛大な儀式が行われた。軽のチマタは交通の要衝であり、霊の行き交う場所と信じられていた。推古・諸御子・諸臣の誄《しのびごと》（霊に申し上げる言葉）が続き、最後に馬子が「八腹臣《やはらのおみ》」（蘇我一族の多くの氏）

を率いて、弟境部臣摩理勢《さかいべのおみまりせ》に「氏姓《うじかばね》の本《もと》」（一族の氏族的由来）の誄を申させた。

大王と複数のキサキは、死後も別の墓に葬られるのが当時の通例だった。推古の祖父母である継体と手白香《たしらか》は、遠く離れた摂津《せっつ》と大和《やまと》に古墳が営まれた。それぞれの政治的勢力基盤が異なることが、別墓の背景にあろう。欽明のキサキ石姫（敏達の母）の墓は河内磯《し》長《なが》にあり、敏達は母の墓に追葬された。旧王系仁賢につながる石姫（第二章1節図2）を母とすることは、敏達の政治的位置を決める上で重要だった。死後の〝母子同葬〟は、それを社会的に明示する意味を持ったのである。

もう一人の有力キサキ堅塩の墓も、もとは欽明とは別のところにあった。蘇我氏の勢力圏のどこかだろうが、いまのところ不明である。だが娘の推古が欽明の墓に堅塩を改葬し〝父母同葬〟を実現したことで、堅塩はあたかも生前から序列第一位のキサキであったかのような位置を獲得した。軽のチマタでの盛大なパフォーマンスは、そのために必要だったのである。これにより、推古は〝欽明と堅塩の子〟として双系的血統観による王者としての正統性を誇示し、馬子は推古が〝蘇我より出た〟大王であることを諸豪族に強くアピールした。

そもそもキサキ相互の序列が不明瞭な六～七世紀に、大王と一人のキサキの〝夫婦同葬〟はありえない。推古による堅塩改葬を参照すると、夫婦同墓のようにみえるのは子による〝父母同葬〟の結果であることが了解できよう。広く古代の史料をみても、一般的に夫婦同葬の慣行は存在しない（関口裕子「日本古代における夫婦合葬の一般的不在」）。奈良時代の貴族男女は夫婦別墓を原則とし、それは男女別々の公的「家」の維持をはかる国家の方針でもあったらしい（橋本義則「古代貴族の営墓と「家」」）。律令制のもと官位に応じて設定された公的「家」は、貴族の経営拠点だった。それに先だつ六～七世紀の王とキサキも、それぞれに経営拠点（「宮」）を持ち、死後は別々に葬られたのである。

†「檜隈大陵」と「檜隈陵」

推古二〇年二月の堅塩改葬記事にみえる「檜隈大陵《ひのくまだいりょう》」が、奈良県高市《たかいち》郡所在のどの古墳にあたるかは、現在も諸説あって定まらない。宮内庁が欽明陵として管理するのは平田梅《ひらたうめ》山《やま》古墳だが、そのやや北方に位置する五条野丸山《ごじょうのまるやま》古墳を真の欽明陵とみる説が有力である。五条野丸山古墳は、元来は全長三一〇メートルの巨大前方後円墳で、後期古墳としては全国最大規模とされる。

偶然の開口をきっかけに一九九一年に行われた調査で、二つある家形石棺《いえがたせっかん》のうち奥が七世紀前半、手前が六世紀後半のものであることが明らかになった。奥棺が堅塩、前棺が欽明とみられる。大王欽明の棺を横に動かし、奥の正面に堅塩の棺を据えたことになる。改葬時に堅塩をクローズアップすることは、推古と蘇我氏にとってそれほど重要だったのだろう。羨道《せんどう》（墓室への入り口）には堅塩の棺を通すために拡張された痕跡があり（土生田純之「最後の前方後円墳」）、欽明埋葬時に追葬は予定されていなかったことがうかがえる。

下ツ道は、五条野丸山古墳の前方部正面を起点とする。堅塩改葬の盛大な葬列は、軽のチマタから下ツ道を南下して「檜隈大陵」＝五条野丸山古墳に向かったのだろう。

改葬から八年後の推古二八年（六二〇）一〇月に、「檜隈陵」の修復／荘厳化がなされた。「檜隈大陵」と「檜隈陵」は同一とみられてきたが（日本古典文学大系『日本書紀』頭注など）、近年は別墓とみる見解も有力である。『書紀』の修復記事にみえる、墳丘《ふんきゅう》に葺《ふ》いた「砂礫《されき》」や周囲に立てた「大柱《おおはしら》」の痕跡は、五条野丸山古墳にはなく、平田梅山古墳（宮内庁管理の「欽明陵」）では確認できる。ここから考えると、平田梅山古墳が「檜隈陵」にあたるのだろう。全長一四〇メートルの前方後円墳である。被葬者は諸説あるが、規模・築造時期・立地などを総合すると、欽明と同じ頃に亡くなった蘇我稲目がふさわしい。

臣下である稲目の墓を「陵」と称することへの疑問もあるが、「陵」と「墓」の厳格な区別が形成されるのは大宝以降である（北康宏「律令国家陵墓制度の基礎的研究」）。『書紀』での両者の書き分けはさほど厳密ではない。蝦夷《えみし》（馬子の子）・入鹿《いるか》父子の墓を「大陵」「小陵」と称した（皇極元年是歳条）というのは、蘇我氏の専横ぶりを強調する記事である。そうした編纂意図を棚上げにすれば、七世紀前半当時においては蘇我氏族長の墓を「陵」と称したとみることもできよう。次にみるように、推古にとって欽明と稲目はともに、自己の属する王統の始祖と観念される存在だった。

†厩戸の死と二つのモニュメント

厩戸は、壬午年《じんご》（推古三〇、六二二。『書紀』では推古二九年だが、当時の史料はほぼ一致して壬午年とする）二月に斑鳩《いかるが》で没した。法隆寺釈迦三尊像光背銘の成立年代には諸説あったが、近年の観察で、厩戸の没した翌年に像・光背と一体で作成されたことが明らかになった。銘文によると、壬午年の正月に「上宮《じょうぐう》法皇」（厩戸）と「干食《かしわで》王后」（膳《かしわで》妃）が病床につき、「王后王子等」は諸臣とともに「尺寸王身《しゃくすんおうしん》」（厩戸王と等身大）の釈迦像造立《ぞうりゅう》を発願《ほつがん》した。翌二月に王后と法皇はあいついで亡くなり、「癸未《きび》年」（推古三一、六二三）三月に像を造り終わったという。造立後の像がどこに安置されていたのかは不明だが、天智九年（六七〇）の全焼後に再建された現法隆寺西院金堂に、太子尊像の意味も込めて据えられたのだろう。七世紀末から八世紀初は、太子信仰の萌芽期である。

晩年の厩戸は膳妃《かしわでひ》とともに斑鳩の飽浪《あくなみ》宮にあり、そこで亡くなった（仁藤敦史「上宮王家と斑鳩」）。厩戸の長子山背《やましろ》（母は馬子の娘刀自古《とじこ》）と、膳妃所生の長女《えめ》（大娘《おおいらつめ》）である舂米《つきしね》は異母キョウダイ婚で結ばれ、二人が厩戸没後の上宮王家継承者となる。ここから考えると、銘文の「王后王子等」は膳妃と舂米・山背を指すのではないか。当時の用法によれば、「王子《みこ》」は男女の総称である（皇極三年一一月条）。厩戸と膳妃を看取《みと》り、死後にその事情を光背に刻んで像を完成させた行為には、父母の追福《ついふく》にとどまらない、山背と舂米の二人が「上宮王家」の正当な継承者たることを内外に宣示する、きわめて高度な政治的意図が込められていたとみるべきだろう。

厩戸にはもう一人の有力妃がいた。推古の孫にあたる「橘 大女郎《たちばなのおおいらつめ》」（橘妃）である。厩戸の死を悼む橘妃《たちばなひ》が、祖母推古に願って采女《うねめ》に刺繍で描かせたという「天寿国繡帳《てんじゅこくしゅうちょう》」には、天寿国往生のさまを描く図柄の中に一〇〇個の亀が配されていたらしい。亀甲《きっこう》に四文字ずつ計四〇〇字からなる銘文は、わずかな残片のほかに写本で全文が伝わる。

銘文前半は、欽明と稲目を始祖とする王統が近親婚をくり返して厩戸と橘妃の婚姻にいたることを、「娶生」の定型用語で語る双系的様式の系譜である。「天寿国繡帳」の成立年代にも諸説あるが、蘇我系王統を賞揚する系譜の内容からみる限り、非蘇我系である舒明・皇極の子孫に王統が絞られていく七世紀後半以降のものではありえない。厩戸没後まもなくに、推古が主導して作成されたとみてよいだろう。橘妃所生の二子はまだ幼く、自己の血をひく厩戸系王統を希求した推古の思いは叶わなかった（第三章1節図4）。推古にとって「天寿国繡帳」は、蘇我系王統の記念碑ともいうべきものだったのではないか。繡帳作成には、「上宮王家」継承者（山背と春米）による釈迦三尊像造立に対抗する思いが込められていたのかもしれない。

繡帳銘文には多様な尊称／称号が表れる。個人名に続く尊称は系譜にみられ、伊奈米《いなめ》「足尼《すくね》」・間人《はしひと》「公主《こうしゅ》」・尾治《おわり》「王／大王」・多至波奈《たちばな》「大女郎《おおいらつめ》」以外、天皇もキサキも諸御子も「弥己等《みこと》」である。倭語の「スクネ」（宿禰）と「ミコト」（命／尊）は、前者は豪族、後者は神・天皇に対する尊称として広く使われた。称号としては系譜に「天皇」「大臣」「后」、由緒に「天皇」「母王」「太子」がみえ、いずれも漢語由来である。釈迦三尊像光背銘には「太后」（間人）・「法皇」（厩戸）・「王后」（膳妃）・「王子」（春米と山背か）と、漢語の称号だけがみえる。推古晩年の七世紀前半は、様々な漢語由来の尊称／称号が、それぞれの文脈の中で（制度的にではなく相対的な上下関係の意識で）使い分け、模索されていたらしい。

この中で「天皇」は、系譜では欽明、由緒では推古に対して使われている。成立時期をめぐっていろいろ議論のある「天皇」号だが、君主号としての制度的確立は、近年の通説の通り、七世紀末の天武〜持統朝とみてよいだろう。その時に同時に、「皇后」「皇子／皇女」の称号も定まった。しかし制度化とは区別して、推古朝後年の多様な称号模索の過程で、王統の始祖たる欽明と当代の推古に対して「天皇」を始用／試用する場面があった、とみる余地はあるのではないか。

「スメ」（聖）なる「ミコト」という意味での倭語を、道教に由来するとされる漢語「天皇」と重ね合わせて、「天皇」（スメラミコト）が使われ始めたとみておきたい。〝中国皇帝―倭王〟の枠組みの外側で、独自の君主号のあり方を様々に模索していた推古朝にふさわしい動きといえよう。推古は、国内にあっては旧来通りの「大王《だいおう／おおきみ》」として即位し、（仏法外護者として）「カシキヤヒメ」と讃えられ、中国に対しては（形成されつつある天孫降臨神話を背景に）「アメタリシヒコ／アメキミ」を名乗った。そして晩年には、「天皇」号を始用するに至ったのである。

†遺詔をめぐる群臣会議

推古三四年（六二六）には、馬子が没した（『扶桑略記』によれば七六歳）。その二年前には、葛城県《かづらきのあがた》の領有をめぐって推古と馬子の間に対立があった。推古は自らを「蘇何《そが》より出《いで》たり」と認めつつも、叔父馬子の要求は退けたのである（推古三二年一〇月条）。推古の婚姻策がいずれも水泡に帰したのに対して、馬子は娘の刀自古《とじこ》を厩戸、法提《ほほて》を田村（舒明《じょめい》）に配し、前者には山背大兄が後継者として育ち、後者にも古人大兄《ふるひとのおおえ》が生まれていた（1節図4）。馬子の死後、推古は自らの老いをみつめつつ、蘇我系王統の行方について思いをめぐらせたことだろう。

　馬子の死から二年後の推古三六年（六二八）三月、推古は病床にあった。次代の継承候補としては、欽明曾孫世代の山背（厩戸の子）と田村（彦人の子）がいた。死の前日、推古は二人を別々に小墾田宮に呼び、田村には「皇位に就き国政を執ることは容易ではない。慎重に行動せよ」、山背には「おまえは未熟だ。あれこれ言わずに群臣の意見を聞いて従え」との内容を口頭で伝えた。田村には大王に推すことを示唆しながら、山背にも将来への含みを持たせた曖昧な表現である。群臣の推戴《すいたい》／承認によって次期大王が決まるというのが、長らく続いてきた倭王権の継承システムだった。そこに推古は、遺詔《いしょう》による示唆という形で、王権自律化に向けた一歩を進めたのである。遺詔を二人に伝えた翌日、七五歳で推古は没した。

　大臣蝦夷《えみし》邸で開かれた群臣会議は、遺詔の解釈をめぐって紛糾《ふんきゅう》した。口頭で伝えられた遺詔の内容は、大王近侍《きんじ》の女王や女孺《にょじゅ》／采女《うねめ》たちも聞いていた。蝦夷と山背は、彼女たちが「悉《ふつ》くに知れり」（全て知っている）として、自己の主張の裏づけにしようとした（舒明即位前紀）。王宮に出仕した王族・豪族女性の近侍《きんじ》実態を伝える貴重な記事である。

　だが豪族たちは、含みのある遺詔をそれぞれ意中の御子に引きつけて解釈し、田村を推す心づもりの蝦夷も独断で決めることはできなかった。「いずれの王《みこ》を嗣《みつぎ》とすべきか」と再三問いかけ、田村推挙に議論を誘導しようとしたのである。群臣の一人は「天皇の遺《のちの》命《おおみこと》に従うのみ。さらに群言《まえつきみたちのこと》を待つべからず」（天皇の遺言に従うまで。群臣の意見を求める必要はない）と述べ、推古の意中の後継者は田村だと補足した。あくまでも山背を推した境部摩理勢《さかいべのまりせ》（馬子の弟）は蝦夷に討たれ、事態は決着した。

「遺詔」の解釈と判断は群臣に委ねつつも、前王の意向に従うという先例が、ここで作りだされた。三六年の長きにわたって内政と外交に実績を積んできた推古の言葉を、群臣は尊重せざるを得なかったのである。ともに国政を担ってきた馬子が亡くなり、推古は朝廷における最長老の立場にあった。以後、曲折を経つつも、七世紀末以降は「（譲位した）前王による次代指名」が王位継承システムの基本となり、前近代を通じて続く。

田村は「大臣《おおおみ》及び群卿《まえつきみたち》」が献じる「天皇の璽印《みしるし》」を受けて即位した（舒明）。推古は、膳妃側に取り込まれる形で斑鳩での自立を強める山背より、蝦夷の支持する田村―古人に蘇我系王統の存続を託そうとしたのではないか。だが乙巳《いつし》の変（六四五）で蝦夷・入鹿父子、ついで隠遁した古人も討たれて、推古の構想は潰えることとなる。

†二つの推古陵の意味

生前の希望により、同年九月に推古は早世した息子竹田と同じ墓に追葬された。『古事記』に「大野の岡の上」とあるものの、具体的な所在地は長らく不明だった。現在では、二〇〇〇年に発掘調査された植山《うえやま》古墳（橿原《かしはら》市五条野町）がそれにあたるとされる。東西約四〇メートル、南北約三〇メートルの長方形方墳で、東西に並ぶ二つの石室があった。家形石棺が遺存する東石室は六世紀末頃に古墳造営と同時に築造され、石扉閾《しきい》石に寺院建築の影響がみられる西石室は七世紀初ないし第1四半期に、あらかじめ空けてあった墳丘《ふんきゅう》西寄りに築かれたらしい。東石室に竹田、西石室に推古が埋葬されたのだろう。

前述のように、植山古墳は五条野丸山古墳（欽明の「檜隈大陵」）からも平田梅山古墳（稲目の「檜隈陵」）からも近い。竹田からみて欽明は、父（敏達）・母（推古）双方を通じての祖父にあたる。さらに推古二〇年（六一二）の堅塩合葬によって、「檜隈大陵」は推古にとっては父母の眠る地となった。一方、推古に先立つ敏達・用明の陵は、磯長谷《しながだに》（大阪府太子町）にある。推古の異母兄／夫である敏達は、崇峻四年（五九一）に磯長に存在した母石姫墓（前方後円墳）へ追葬され、同母兄用明は、推古元年（五九三）に磯長に新たに築いた方墳に改葬された（初葬墳は「磐余池上《いわれのいけのえ》陵」）。

即位前後の推古は、夫と兄の埋葬地を磯長谷に定める一方で、ほぼ同時期に、竹田および将来の自分のために（磯長ではなく）「檜隈大陵」「檜隈陵」の近くに方墳を築かせたことになる。敏達・用明ではなく、自分こそが蘇我系欽明王統の真の後継者たらんとの自負を、そこにうかがうことができるのではないか。方墳は、蘇我氏族長および蘇我系御子に特徴的とされる墳形である。

　だが二人の亡骸《なきがら》は、永くそこにとどまっていることはできなかった。時期は不明だが、磯長谷に遷されたからである。宮内庁が推古陵として管理する山田高塚古墳（東西約六〇メートル、南北約五五メートルの長方形方墳）がそれにあたるとされる。発掘調査されていないので内部構造は不明だが、一部の石が露出していて、東西に並ぶ石室の存在が推定されている。竹田と推古の合葬陵とみてよいだろう。推古の意志に反して磯長谷に二人を遷したのは誰か、なぜなのか。次章でみていきたい。

第四章　皇極＝斉明──「皇祖」観の形成

1　初の譲位

†遣唐使派遣と百済大宮・大寺造営

舒明《じょめい》は治世一三年（六四一）一〇月に、百済宮《くだらのみや》で没した（『紹運録』によれば四九歳）。治世中の事蹟としては、二年（六三〇）八月の遣唐使派遣と一一年（六三九）七月の百済大宮《くだらおおみや》・百済大寺《くだらおおでら》造営が注目される。隋は六一八年に滅び、推古三一年（六二三）七月に帰国した遣隋使は、大唐は「法式《のり》備わり定める珍《たから》の国」だとして交わりを結ぶよう進言した。しかし推古在世中には、遣唐使の派遣はなかった。対隋外交のそもそもの目的が仏法を軸とする国造りと国際的地位の確立にあり、必ずしも中国的な中央集権体制／官僚制を目指していたわけではなかったからだろう（鐘江宏之「「日本の七世紀史」再考」）。その意味で舒明は、転換の一歩を踏み出したことになる。

舒明二年の遣唐使犬上三田《いぬかみのみた》耜《すき》と医師《くすし》恵《え》日《にち》は、推古二二年（六一四）と三一年（六二三）に帰国した遣隋使の再派遣である。舒明四年（六三二）八月には僧旻《みん》、一二年（六四〇）一〇月には高向玄理《たかむこのくろまろ》らが帰国した。推古一六年（六〇八）年に派遣され、長期の留学中に隋滅亡と唐の建国・国制をみとどけた両名は、皇極四年（六四五）の乙巳《いっし》の変（蘇我蝦夷・入鹿討滅）後に「国博士」となり、「八省百官」の制度設計を命じられる（大化五年二月是月条）。舒明から皇極にかけての時期に、あらたな国家体制の模索が始まったのである。

百済大宮・百済大寺は百済川の側《ほとり》に造られ、西国の民は宮、東国の民は寺の造営に動員された（舒明一一年七月条）。近年の吉備《きび》池廃寺《いけはいじ》（桜井市吉備）発掘で巨大な金堂と塔の基壇が確認され、「九重の塔」を建てた百済大寺跡であることが判明した。「百済大宮」も、遺構は未確認だがこの付近だろう（奈良文化財研究所編『大和吉備池廃寺』）。

前代の飛鳥寺は蘇我氏が造営を主導し、推古の小墾田宮もその至近距離に造られた。これと比べて規模をはるかに凌ぐ大寺と大宮の同時造営が、王権主導で、全国の民を組織的に動員して行われたのである。百済大寺はその後、寺地を移して天武・文武朝の「大官大《たいかんたい》寺《じ》」となり、平城京で大安寺となる。「大官」は天皇、すなわち「大官大寺」は天皇の寺

という意味である。蘇我氏から距離をおき王権自立をめざす方向が、舒明晩年には萌《きざ》して
いたとみてよいのではないか。

†皇極の即位と上宮王家滅亡

舒明亡きあとは、「皇后」宝《たから》が即位した（皇極）。舒明のキサキには蘇我馬子の娘法提《ほほて》がいて、舒明の即位前に古人大兄《ふるひとのおおえ》が生まれていた。推古死去時に蝦夷が積極的に田村（舒明）を推したのには、古人の存在が大きかったのだろう。対して、宝の父方祖父は彦人（田村の父）だから、二人による叔父姪婚は彦人系内部の結束を固める意味を持つ。宝の母方曾祖父は欽明なので、舒明と宝は、欽明曾孫男女による同世代婚でもある（本章3節図7）。

古人は舒明の長子で、「大兄王《おおえのみこ》／大兄命《おおえのみこと》／古人大兄」と称された（舒明二年四月条・孝徳即位前紀）。のちの皇極譲位時（六四五年）には、「年長」の先帝御子として即位要請の候補にもあがる。だが舒明没時（六四一年）でみれば、血統的にも世代／年齢的にも四九歳の宝の即位が順当だった。宝所生の葛城《かづらき》（のちの天智）は、この時一六歳に過ぎない。葛城の通称「中大兄《なかのおおえ》」は、舒明からみた（古人大兄につぐ）二番目の大兄という意味である。

即位した皇極にとって、自己の権力を確立し、子孫による王位継承を確保するためには、乗り越えなければならない障害がいくつもあった。その第一が、かつて推古死去時に舒明

と王位継承を争い、その後も斑鳩《いかるが》にあって自立した勢力を保持している上宮王家の山背——欽明曾孫世代の男性長老——だったのではないか。山背の生年は不明だが、推古の遺詔に「汝《なんじ》は肝稚《きもわか》し」とあり、舒明（および同年の皇極）よりやや若かったかと推定される。

百済大寺の創建瓦は斑鳩寺《いかるがでら》（法隆寺の前身）の瓦と同笵《どうはん》関係にあり、上宮王家からの瓦型の供与が想定できるという（前掲『大和吉備池廃寺』）。舒明治世の間は、山背と舒明は（表面的にせよ）友好関係を保っていたのである。

上宮王家滅亡事件は、皇極二年（六四三）一一月に起きた。『書紀』は事件の首謀者を蘇我入鹿《いるか》（蝦夷の子）とするが、『藤氏家伝《とうしかでん》』大織冠伝《たいしょくかんでん》（以下『家伝』上と記す）は、軽王《かるのみこ》（皇極同母弟）の積極的関与を記す。もちろん入鹿も無関係ではない。「上宮《かみつみや》の王等《みこたち》を廃《す》てて、古《ふる》人大兄《ひとおおえ》を立てて天皇とせんとす」（皇極二年七月戊午《つちのえうま》条）とあるように、皇極の次には次世代の古人を王位にというもくろみからすれば、入鹿にとっても山背は排除の対象だった。だとすれば、山背亡きあと、皇極と軽にとって、次にとり除くべき障害が古人と蝦夷・入鹿であることも、明らかといわねばならない。

†乙巳の変と同母弟軽への譲位

皇極四年（乙巳《いつし》＝六四五）六月八日に蘇我入鹿、ついで蝦夷が殺され、二日後の一四日に皇極は軽に譲位した（即位して孝徳《こうとく》）。これまでの大王は終身在位だったので、史上初の生前譲位である。継承者の選定も、従来は群臣が複数候補の中から一人を〝えらび〟、選ばれた者が「璽印《みしるし》」を奉呈されて即位した。推古も舒明もこのシステムに沿って王位に就いたことを、『書紀』は明記する。だが孝徳の即位をめぐっては、群臣の動きはみられない。皇極が「璽綬《みしるし》」を弟の軽に授けて「位を禅《ゆず》り」、軽が登壇即位したのち、群臣による新大王拝礼がなされたのである（孝徳即位前紀）。後ろ盾を失った古人は出家して吉野に隠遁したが、結局、同年九月に謀《む》反《ほん》の罪で討たれてしまう。

　当時の東アジアの国際関係は、激動のさなかにあった。六世紀末からの隋による高句麗《こうくり》遠征、ひき続く朝鮮三国の抗争への唐の介入、倭が派遣した百済《くだら》救援軍の白村江《はくそんこう》での大敗、百済・高句麗滅亡を経て、新羅《しらぎ》が統一を成し遂げる七世紀後半まで、三国および倭はそれぞれに内乱・叛乱・政変を通じて権力集中をめざした（石母田正『日本の古代国家』）。

　倭においては、同世代の幅広い候補者から群臣が〝えらぶ〟という従来の継承システムに、王権が暴力的に介入して群臣筆頭の蝦夷・入鹿を排除し、同母姉弟間での〝譲り〟という形で王権主導の権力集中を実現させたのである。

　よく知られているように、古代の族長位は平安前期頃まで幅広い傍系継承が普通だった（阿部武彦「古代族長継承の問題について」）。稲目―馬子―蝦夷―入鹿と続く父子直系での権力

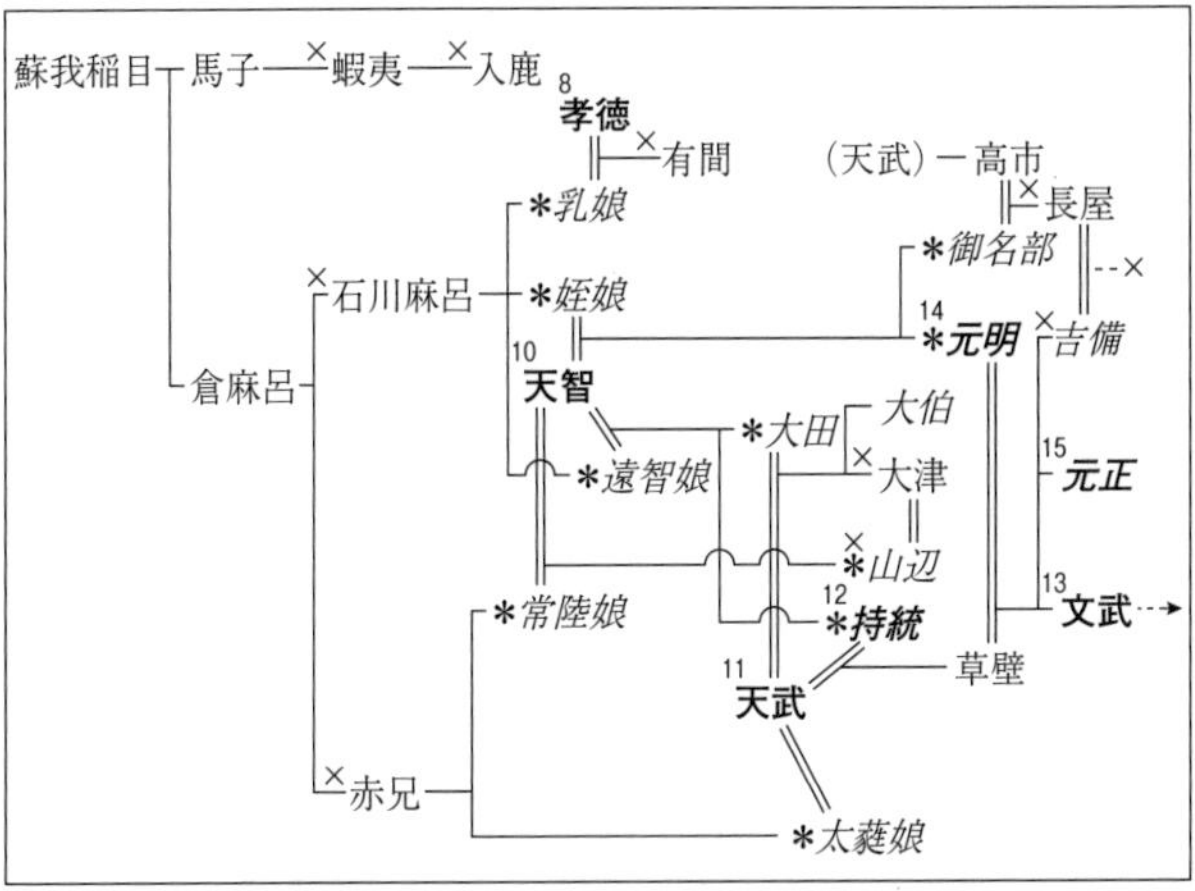

図5　乙巳の変後の王統と蘇我系キサキ。太字は天皇、数字は欽明以後の王位継承順、斜字は女性、＊は蘇我系キサキ、×は政争の敗者。

独占は、蘇我氏の内部に大きな不満を生みだしていた（門脇禎二『蘇我蝦夷・入鹿』）。枝《し》流《りゅう》の蘇我倉山田石川麻呂《くらのやまだのいしかわまろ》は乙巳の変の謀議に加わり、変で本宗家が滅んだのちは、内政改革（「大化改新」）を他の群臣とともに担った。しかし、蘇我氏が王権と共存共栄したかつての関係は再現されなかった。石川麻呂は三人の娘を孝徳、中大兄（天智）のキサキとしたものの、大化五年（六四九）三月、謀反の罪で自尽《じじん》する。以後も七世紀末に至るまで天智・天武と御子たちは蘇我系キサキとの婚姻をくり返すが（図5）、それは過去の血統観の名残り（および蘇我系家産の伝領）以上の意味をもつものではなかったとみるべきだろう。

†姉弟の〝共治〟から破綻へ

皇極《こうぎょく》は、孝徳《こうとく》即位の日に「皇祖母尊《すめみおやのみこと》」の号を奉呈された。『書紀』は同時に中大兄を「皇太子」としたとするが、皇太子制の成立は七世紀末の浄御原令《きよみはらりょう》なので、これは編纂時の潤色である。五日後の六月一九日、「天皇・皇祖母尊・皇太子」は、飛鳥寺の西にある大槻《おおつき》の下に群臣を集め、「君臣の盟《ちかい》」を行った。従来型の群臣推挙を経ることなく即位した孝徳は、聖樹《せいじゅ》のもとであらためて君臣関係を確認する必要があったのである。このとき「皇祖母尊」皇極《こうぎょく》は、忠誠を受ける「君」の側にいた。皇極による「譲位」の実態は、国政上の権能を保持したままの〝共治〟というべきものであり、「君」として臣下に対峙する公的地位を保証する尊号が「皇祖母尊」だったのである。

譲位した先王の国政上の地位は、のちに大宝令で「太上天皇《だいじょう》」として制度化され、持統《じとう》が初代太上天皇となる。それ以降、太上天皇と現天皇との〝共治〟は八世紀にもくり返された。皇極姉弟はその原型を作り出し、群臣も受け入れたのである。権力集中に向けた改革の必要性は、支配層の共通認識だった。

新政権は難波に宮を定めた。難波宮《なにわのみや》跡の発掘で、北西部の谷から「王母前」と記した木簡が出土している。地層からみて孝徳末〜斉明初頃のものと推定される（『木簡研究』二二）。

物資の進上に関わる荷札木簡群に含まれ、難波宮に「王母」に関わる組織が存在したらしい（栄原永遠男「難波宮跡北西部出土木簡再考」）。「王母」（ミオヤ／オオミオヤ）は皇極を指し、これが奉呈当時の実際の号だったとみられる（前田晴人「難波出土の「王母前」木簡をめぐって」）。同母子単位内での一般的尊称「ミオヤ」を土台に創出された公的尊号であり、のちに「皇祖」（スメミオヤ）として皇極母子に関わる双系的祖に対象を拡大する（3節）。

木簡が示すように、「王母」＝皇極は譲位後も王宮内に孝徳とともにあった。のちの八世紀の太上天皇と天皇の多くは、祖母―孫、母―娘、伯母―甥といった親密な関係にあり、同一宮内に居住した。先進的な国制の受け皿となる権力中枢部の構成を、親密関係にある身内の〝共治〟に依拠するしかないのが、当時の倭王権の実態だったのである。

だがこのシステムは、両者の親密性が失われれば崩壊する。皇極と孝徳のような姉弟関係では、譲位当初はともかく、それぞれの子が後継候補に成長する中で権力者として共存することは困難だった。

遷宮《せんぐう》わずか二年後の白雉《はくち》四年（六五三）、「皇祖母尊」は息子の「皇太子」中大兄、「皇弟《すめいろど》」大海人《おおあま》、娘の孝徳「皇后」間人《はしひと》とともに飛鳥へ還ってしまう。「官人」らもこれに従い、孝徳は難波宮《なにわのみや》にとり残された。『書紀』はこれらの動きを、「皇太子」中大兄を主語として描く。だが編纂時の虚飾とみられる「皇太子」の号を取り去ってみれば、皇極は息子・娘からなる同母子単位の統率者（「ミオヤ」）として行動していることがみえてこよう。

難波宮はそれまでの宮とは隔絶する規模で造営され、朝堂院《ちょうどういん》には広大な朝庭に一四棟以上の朝堂《ちょうどう》（官人の執務空間）が配置された。大化五年（六四九）二月の冠位十九階は、推古の時の冠位十二階とは異なり、全官人を対象とする。当時の政務は口頭で行われ、未熟な官僚制のもとで多くの官人／豪族を結集させるには、広大な空間が必要だった（早川庄八「前期難波宮と古代官僚制」）。しかし、「官人」の多くは大和・飛鳥周辺に本拠を有する豪族であり、「皇祖母尊」を奉じて飛鳥に戻ることを選んだのである。

翌年一〇月、孝徳が死去すると、「皇祖母尊」皇極が飛鳥板蓋宮《いたぶきのみや》で再び「即位」した（斉明）。当時の史実と向き合うならば、「即天皇位」の文字の意味するところは〝共治〟の解消というべきだろう。譲った側による〝共治〟の解消は、のち、奈良時代の孝謙太上天皇と淳仁天皇との間でもくり返されることになる（第七章2節）。

乙巳の変後の皇極譲位をめぐっては、これを強制退位とみる説が根強くある。しかし乙巳の変から譲位、その後の〝共治〟から重祚《ちょうそ》（〝共治〟の解消）に至る過程をみれば、皇極の主導性は否定できない。重祚後の斉明は、難波宮／京に代わる飛鳥での新たな宮都構想にも主導性を発揮していく。

2　飛鳥の儀礼空間

†重層する飛鳥宮

斉明《さいめい》は、孝徳死去の二カ月後、六五五年正月に飛鳥板蓋宮で即位した。乙巳の変の舞台となった、皇極時代の宮である。この時、斉明は六二歳、息子の中大兄は三〇歳である。当時の世代観／年齢観からいって、母斉明をさしおいて中大兄が即位する状況ではない。ただし、かつて三〇歳に達した厩戸《うまやど》は斑鳩宮に自立し、蘇我系筆頭御子として推古を側面から輔政《ほせい》するようになった（第三章2節）。そのことを考えると、中大兄も母斉明を輔《たす》けて国政に関わる立場にたったとみてよいだろう。

推古が七五歳で没する直前まで国政上の権能を行使したように、斉明も六六一年七月に百済救援派遣軍を率いて筑紫朝倉宮《つくしあさくらのみや》で没するまでの七年余り、最高統治者の地位にあって重要な政策を実施した。その一つに、飛鳥宮を中心とする儀礼空間の創造がある。

七世紀半ばまでの王宮は、新大王が即位するごとに新たな宮に遷る、すなわち歴代遷宮《せんぐう》が慣わしだった。大王ごとに政治基盤となる勢力が変動し、その本拠地が異なるからである。治世の間にも複数の宮を移動した。しかし発掘調査により、舒明の飛鳥岡本宮《おかもとのみや》と皇極の飛鳥板蓋宮、斉明の後《のちの》飛鳥岡本宮、さらに天武・持統の飛鳥浄御原宮《きよみはらのみや》は、同一の場所に重層して規模を拡大しつつ営まれことが明らかになった（小澤毅「伝承板蓋宮跡の発掘と飛鳥の諸宮」）。飛鳥に王宮が継続的に営まれ諸施設が設けられたことで、一帯には「倭京《わきょう》」といえる空間が形成される。天武の時にこれを北西方に拡大する（「新益京《あらましのみやこ》」）計画が立てられ、持統八年（六九四）完成の中国的都城「藤原京」につながっていく。

飛鳥に恒久的王宮／都を設ける構想は舒明の岡本宮に始まるのかといえば、そうではない。舒明は二年（六三〇）一〇月に「岡本宮」に遷るが、火災により八年（六三六）六月に「田中宮《たなかのみや》」に遷居し、その後、百済大宮を新たに造営してそこで没した。飛鳥には戻らなかったのである。他方で皇極は、元年（六四二）一二月に小墾田宮（または南庭の権宮《かりみや》）に入り、二年四月にそこから飛鳥板蓋の「新宮」に移った。

譲位後は孝徳とともに難波宮に在ったが、白雉四年（六五三）に孝徳と離反して「倭京」に戻り、息子の中大兄・大海人、娘の間人とともに「飛鳥川辺行宮《かわらのかりみや》」に入った。そして孝徳死去後の斉明元年（六五五）正月に、「飛鳥板蓋宮」で即位したのである。火災で一時的に「飛鳥川原宮《かわらのみや》」に遷るものの、翌二年（六五六）には「後《のちの》飛鳥岡本宮」を築いてそこに戻った。飛鳥の地に安定した拠点を築くことは、皇極＝斉明の強い意志だったのである。

皇極＝斉明には、推古の小墾田宮への強いこだわりがみられる。最初の即位後にまず小墾田宮に入っただけではない。重祚後の元年（六五五）一〇月にも、小墾田に「宮闕《おおみや》」を造り、瓦覆《かわらぶき》にしようと試みている。これは木材が調達できず取りやめとなったが、その後、後飛鳥岡本宮から北方の小墾田宮の一帯にかけて、壮大な儀礼空間を作りだしていく。小墾田宮から飛鳥宮までを含み込む何らかの〝宮都〟構想を、斉明は持っていたらしい。推古の小墾田宮は、それまでの大王宮が豪族のヤケの転化拡大だったのとは異なり、外交儀礼を実施すべく計画的に造営された初の本格的宮だった（第三章2節）。

†儀礼空間の創造

後飛鳥岡本宮の造営／遷居に続けて、『書紀』は一大土木工事の記事を載せている。宮の東南方にあたる「田身峯《たむのみね》」（多武峰）から石垣を巡らし、峯の上には「観《たかどの》」を建てて「両槻宮《ふたつきのみや》」／「天宮《あまつみや》」と名づけた。また長大な渠《きよ》を掘り、「石上山《いそのかみのやま》」の石を船に載せて運び、「宮の東の山」に石垣を築いた。膨大な材木と労働力を要したので、時の人は「狂心《たぶれこころ》の渠《みぞ》」といって非難したという（二年是歳《このとし》条）。

近年の発掘によって多様な石造構築物が確認され、実際にこうした土木工事の行われたことが明らかになった。「宮の東の山」、すなわち後岡本宮の東方丘陵は従来から酒船石《さかふねいし》遺

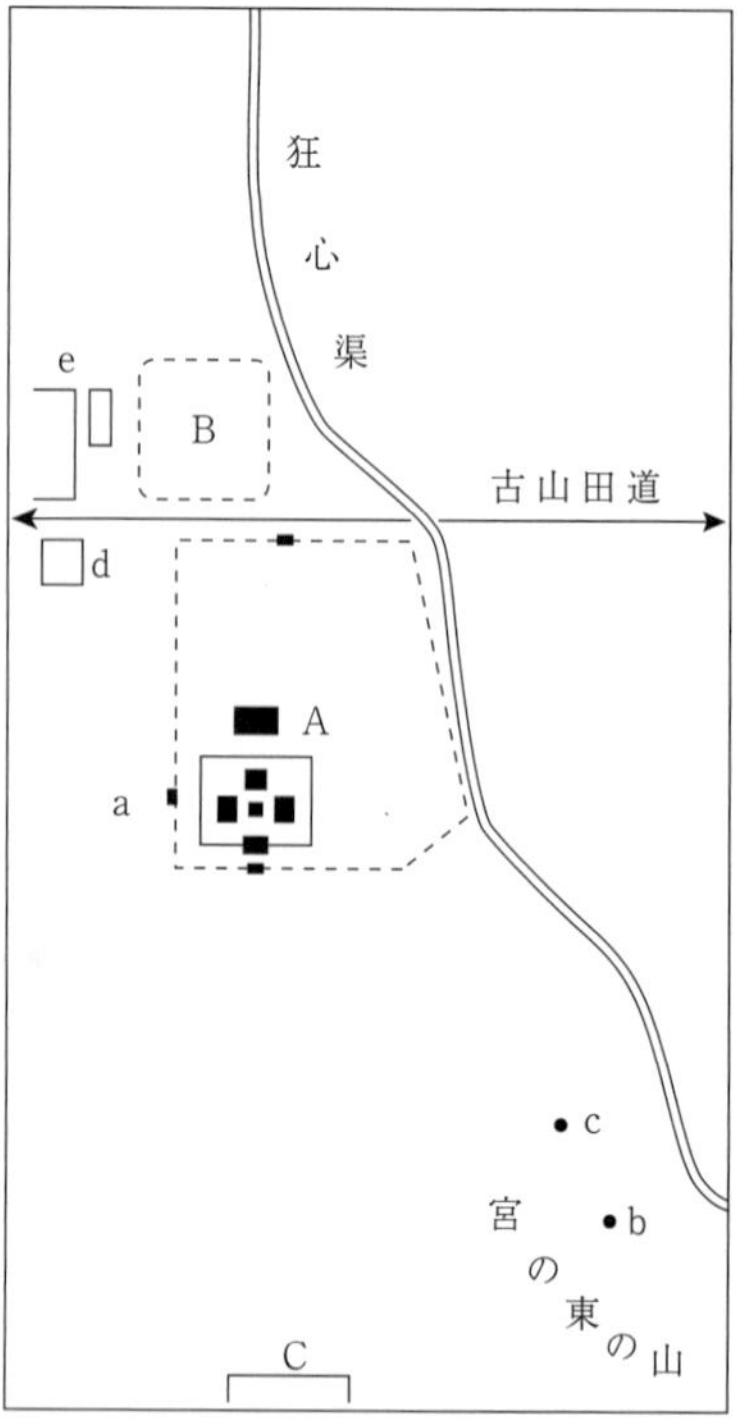

図6　飛鳥の儀礼空間。A飛鳥寺、B小墾田宮推定地、C重層する飛鳥宮、a飛鳥寺の西、b酒船石、c亀形石槽、d水落遺跡、e石神遺跡。奈良文化財研究所飛鳥資料館図録『飛鳥・藤原京展』（2002年）64頁所載、「狂信渠の推定図』をもとに、A〜eなどを書き込み作成。

跡で知られていた場所である。その丘陵裾から三段状の石垣が検出され、石上周辺で産出する石が使われていることもわかった。北裾からは「亀形石槽・小判形石槽」がみつかり、正確な用途は不明なものの、石敷広場で湧水を用いた儀礼が行われたとみられる。幅一〇メートル以上の運河の一部も発掘で確認された。「狂心の渠」にあたるものだろう。

宮の北方には飛鳥寺が位置し、飛鳥寺西の広場から北西方には、漏刻台《ろうこくだい》のある水落《みずおち》遺跡、長大な建物群と石敷広場を備えた石神《いしがみ》遺跡が広がる（図6）。石神遺跡は迎賓／饗宴施設で、七世紀前半から藤原宮の時代まで数度の改造がなされた。その最盛期は斉明朝である（飛鳥資料館『飛鳥・藤原京展』）。

斉明三年（六五七）七月には、仏教世界の中心をなす「須弥山《しゅみせん》」の像が「飛鳥寺の西」に据えられ、南島トカラの男女への饗《きょう》がなされた。五年（六五九）三月にも「甘檮丘《あまかしのおか》」の東に「須弥山」を造り、蝦夷を饗している。「飛鳥寺の西」とほぼ重なる場所である。阿《あ》倍比羅夫《べのひらふ》を派遣しての蝦夷征討（斉明四年（六五八）四月・五年三月等）や、漂着した南島人を朝庭に召しての饗応《きょうおう》など、斉明治世には積極的な対外膨張策が行われた。これが七世紀後半以降の蝦夷攻略、南西諸島への領域拡大につながっていく。斉明五年（六五九）七月に派遣された遣唐使は、蝦夷の男女二人を「唐の天子」に覧《み》せ、その風俗を伝えるとともに、「歳毎《としごと》に本国の朝《みかど》に入貢《にゅうこう》する」として、蝦夷の朝廷への服属を誇った。

「須弥山」は、推古の時に百済から渡来した工人《こうじん》が「南庭《おおば》」に築いたのが始まりという（推古二〇年是歳条）。石神遺跡の場所からは、明治三五年（一九〇二）に分解移動できる構造の「須弥山」石が発見されている。最初に「須弥山」が造られた小墾田宮「南庭」は、斉明が「須弥山」像を据えた饗宴空間へとつながるのである（飛鳥資料館『斉明紀』）。仏教的世界観を媒介として倭国の国際的地位を高める構想は、推古の時に始まり、斉明に至って具体的な宮都構造となって実を結んだといえよう。

†母斉明の追福と継承

六六〇年、唐・新羅連合軍が朝鮮三国の一つ百済を滅ぼす。翌斉明七年（六六一）正月、百済復興救援のための大軍を率いて、斉明は兵船発遣の基地となる筑紫へ向かった。『書紀』は「御船《みふね》西に征《ゆ》きて、始めて海路《うみつみち》に就《つ》く」と記す。息子の中大兄・大海人や彼らのキサキたちも含む、朝廷をあげての軍事遠征だった。大海人《おおあま》（天武）の子草壁《くさかべ》と大伯《おおく》・大津《おおつ》姉弟は、いずれも軍中で誕生した。大伯・大津の母は大田《おおた》で、草壁の母は鸕野《うの》（のちの持統）。二人は中大兄（天智）を父、蘇我系キサキを母とする同母姉妹である（本章1節図5）。

三善清行《みよしのきよゆき》の「意見封事《いけんふうじ》十二箇条」に引かれた「備中国風土記逸文《びっちゅうのくにふどきいつぶん》」によると、征西の一行が同国下道郡《しもつみち》に路宿した時、詔を下して軍士を徴したところ二万余人を集めることができたという。「迩摩郷《にまごう》」の地名起源説話ではあるが、律令軍制成立以前の当時においては、王権への求心力が兵力動員の決め手であったことをうかがわせよう。王権中枢につらなる男女がこぞって陣に赴《おもむ》き、地方豪族との人格的絆も活用しつつ途中で兵力を増強して筑紫に向かったのである。高齢の斉明も、最高統率者としてこれに臨んだ。国家の大事に親征《しんせい》することは、倭王に求められた重要な責務であり、性別を問わない。

同年七月に、斉明は筑紫朝倉宮《つくしあさくらのみや》で没する。亡骸は船で飛鳥に運ばれ、一一月に飛鳥川原で殯《もがり》が行われた。川原寺《かわはらでら》（弘福寺《ぐふくじ》）は、斉明のために飛鳥川原宮の跡地に息子天智によって建てられたらしい（福山敏男『奈良朝寺院の研究』）。天武二年（六七三）には封戸《ふこ》五〇〇戸が施入《せにゅう》されるなど（「新抄格勅符抄《しんしょうかくちょくふしょう》」）、国家の手厚い支援を受けた。川原寺の発掘調査では、下層に壮大な建築遺構が確認されている。筑紫の地にも、天智の誓願によって「後岡本《のちのおかもとの》宮御宇《みやにあめのしたしらす》天皇（斉明）の奉為《おんため》に」観世音寺《かんぜおんじ》が造られ、元明《げんめい》天皇（斉明の孫）の時にあらためて完成が命じられた（『続日本紀』和銅二年二月条）。

斉明の死後、中大兄はただちに称制《しょうせい》し、筑紫で百済遠征軍の指揮をとった。天智二年（六六三）八月に白村江で大敗したのちは、筑紫に水城《みずき》や大野城などを築いて防備を固め、同六年（六六七）六月には近江大津宮《おうみおおつのみや》に遷る。背景には、防衛と水陸交通の便が想定されている。正式即位は翌六六八年正月である。治世一〇年の六七一年一二月に天智が没すると、吉野に隠遁していた同母弟の大海人と近江に拠る息子大友との間に、古代最大の内乱ともいわれる壬申《じんしん》の乱が勃発する（六七二年六月）。

乱に勝利した大海人は、九月には伊勢から「倭京」に戻り、嶋宮《しまのみや》を経て飛鳥の「岡本宮」に入った（天武元年九月条）。母斉明を継ぐ者であることを、鮮明に示したことになろう。同宮の南に「宮室《おおみや》」が造られ、二年（六七三）二月にそこで即位した。天武・持統の「飛鳥浄御原宮」である。

†世代内継承からの転換

壬申の乱の原因を、王位継承観の転換という面から考えてみよう。世襲王権形成後、推古の次をめぐって争った欽明曾孫世代（山背と田村）までは、世代内継承の原理が支配的だった。複数の同世代者の中から年齢・資質において適格な一人が、群臣の支持を得て大王位に就いた。山背と田村（舒明）は父系血縁としてはマタイトコで、推古からみると遠い傍系親族に過ぎない。それでも世代内継承原理のもと、熟年に達したこの二人が有力継承候補とみなされたのである。

しかし乙巳の変（六四五）の後、「昔《さき》の天皇〔舒明〕」の「年長」御子にあたる次世代の古人が排除され、皇極から孝徳への「譲《ゆず》り」がなされて、事態は変わった。現王（皇極）の意志および現王との血縁的近さが、最重要な意味を持ち始めたのである。同母姉弟が〝共治〟する権力集中から姉弟の対立へ、さらに斉明重祚を経て、斉明四年（六五八）一一月、孝徳の子有馬《ありま》が謀反の罪で誅殺《ちゆうさつ》された。晩年の孝徳は、先王「皇祖母尊」の意向に反して、有馬（母は雄族阿倍《あべ》氏出身）を継承者にと望み始めていたのかもしれない。わずか一九歳の有馬が誅殺されなければならなかったのは、有馬の存在が斉明母子にとって現実的脅威だったこと、長老優先の原理が揺らぎつつあったことを示唆しよう。

斉明が七年（六六一）七月に没すると（『紹運録』では六八歳）、四一歳の息子中大兄がただちに称制し、六六八年正月に正式に即位した。同世代の有力御子はすでに排除されているから、血統的（父舒明、母斉明）にも年齢的にもまずは順当な即位である。だが天智一〇年（六七一）一二月に天智が没すると、同母弟の大海人と天智の息子大友の間で壬申の乱が起こり、大規模な内乱となった。

大友の母は地方豪族出身の伊賀采女宅子《いがのうねめやかこ》で、身分は低い。年齢（大海人四二歳、大友二四歳）からいっても、血統をみても、従来の慣行によれば大海人の優位は動かない。大海人は天智のもとで、「大皇弟」（オオスメイロド）として重要国政を補佐する立場にもあった（天智三年二月条等）。だが天智は、年少の息子大友を敢えて「太政大臣」の要職につけ、群臣を配して国政にあたらせようとした（天智一〇年正月条）。〝双系的血統＋世代内年長者重視〟という継承理念からの転換を、晩年の天智は模索していたのではないか。大友を「太政大臣」にして、大海人に対抗できるだけの国政経験を積ませようとしたのである。

この模索は、群臣間に深刻な亀裂を招き、大友が敗死して、潰《つい》えた。だが、豪族たちが二つに分かれて大規模な内乱に至ったこと自体、従来の継承方式が自明ではなくなりつつあったことの証だろう。

3 双系的な「皇祖」観

†八角墳の始まり

少し時代を遡って、舒明没後の埋葬墳の墳形変化を考えてみよう。舒明は治世一三年（六四一）の一〇月に百済宮で没し、宮の北で「百済の大殯《おおもがり》」が始まる。そして一年余りのちの皇極元年（六四二）一二月、最後の誄《しのびごと》が奏上されたのち「滑谷岡《なめはざまのおか》」に葬られた。だが二年（六四三）九月には、「押坂《おしさか》陵」に改葬される。『延喜《えんぎ》式《しき》』の「押坂内陵《おしさかのうちのみささぎ》〈大和国城上郡〉」である。宮内庁の管理する桜井市忍坂《おさか》の段ノ塚《だんのづか》古墳にあたるとされ、他に異論はない。上円部二段と下方部三段からなる上円下方墳で、下方部下段幅は九〇メートルを超える大型墳である。

初葬の「滑谷岡」の場所は不明だったが、二〇〇四年の小《こ》山田《やまだ》遺跡（明日香村川原）の調査で巨大方墳が検出された。最新の調査によれば一辺七〇メートルに達する。異論もあるが、これが舒明初葬墓にあたる可能性は高い。改葬後の段ノ塚古墳は、上円下方墳とはいうものの上円部二段のうちの下段は板石積みの八角形をなすことが、数次の現況調査で確認されている。その石積みの形状は、小山田古墳の石積みと酷似するという（奈良県立橿原考古学研究所附属図書館『蘇我氏を掘る』）。

小山田古墳を舒明初葬墳とみてよいとすれば、段ノ塚古墳への改葬にともない方墳から八角下方墳へと推移したことになり、注目される。方墳は、磯《し》長谷《ながだに》の用明・推古陵、および飛鳥にある蘇我馬子の石舞台古墳にも共通する墳形である。石舞台古墳の現状は石室だけが剝き出しになっているが、本来は一辺五〇メートルの方墳だったことが一九三三年の発掘調査で確認されている。推古初葬（六二八年）の植山古墳も方墳である。

それに対して八角墳は、皇極＝斉明（後述の牽牛《けんご》子《し》塚《つか》古墳か）、天智（御《ご》廟野《びょうの》古墳）、天武・持統（野口王墓古墳）、文武（中尾山古墳）と、七世紀後半から八世紀初にかけての天皇陵に独自の墳形である。天智陵までは八角下方墳だが、完成形の天武・持統陵には方形の下段はなく、切石積《きりいしづみ》の八角五段となる（福尾正彦「八角墳の墳丘構造」）。段ノ塚古墳の上円（八角）下方墳という墳形は、まさに方墳から八角墳への転換の始まりを示すものといえよう。

他の豪族と共通する前方後円墳〜方墳の墳形を脱し、天皇陵のみの差違化をはかり始める端緒は、皇極二年に行われた舒明改葬にあった。このことは、差違化を主導したのが皇極であることを示唆しよう。即位後まもなくの初葬にあたっては、蘇我氏の本拠地に造営された方墳（小山田古墳）に埋葬したが、その後、押坂の地に新たに上円（八角）下方墳を築き改葬したのである。重層する飛鳥宮の造営とも共通する、皇極＝斉明による〝舒明＋皇極〟王統創出の動きといえよう。

†「皇祖」観の形成

『書紀』には、「皇祖《すめみおや》」を冠する尊称が、皇極・舒明に関わる人物に集中してみられる。

吉備嶋皇祖母命《きびのしまのすめみおやのみこと》（皇極の母）――皇極二年（六四三）九月に没。処々の「貸稲《いらしのいね》」（利付き貸付用の稲）は大化二年三月に廃された。

皇祖母尊（皇極）――乙巳の変（六四五年六月）後の譲位で尊号奉呈。

皇祖大兄《すめみおやおおえ》（舒明の父）――大化二年（六四六）三月の「皇太子」奏により「御名入部」返上。

嶋皇祖母命《しまのすめみおやのみこと》（舒明の母）――天智二年（六六三）六月に没。

『書紀』の記載順は右の通りだが、これらの尊称の起点となったのは、尊号にもとづく政治的権能を現実に行使した皇極ではないか。難波宮出土木簡によれば、譲位の時点で皇極が奉呈された尊号は「王母」である。倭語ではミオヤ／オオミオヤだろう。「ミオヤ」（御祖）は一般的な親族用語だから、「王母」だけでは他の王族単位のミオヤとの差別化は乏しい。より限定された尊称として〝スメ〟を冠した「皇祖母尊《すめみおやのみこと》」に改める際に、「皇祖大《すめみおや》兄《おえ》」（彦人《ひこひと》）と二人の「皇祖母命」（皇極の母吉備《きび》と舒明の母糠手《あらて》）の尊称も定まったと推定しておきたい。皇祖大兄は「皇祖」である「大兄《おおえ》」、皇祖母は「皇祖」である「母《みおや》」を意味する。「命」と「尊」は、『書紀』の書き分け（天皇・神に対しては「尊」）である。

四人の「皇祖」の血統は、舒明と皇極の間に生まれた三人の男女（中大兄・間人・大海人）に収斂する（図7）。祖父母—父母—子という狭い三世代の範囲での皇統認識の成立である（河内春人「令制君主号の史的前提」）。ただしここにみられるのは父系三世代ではない。父方・

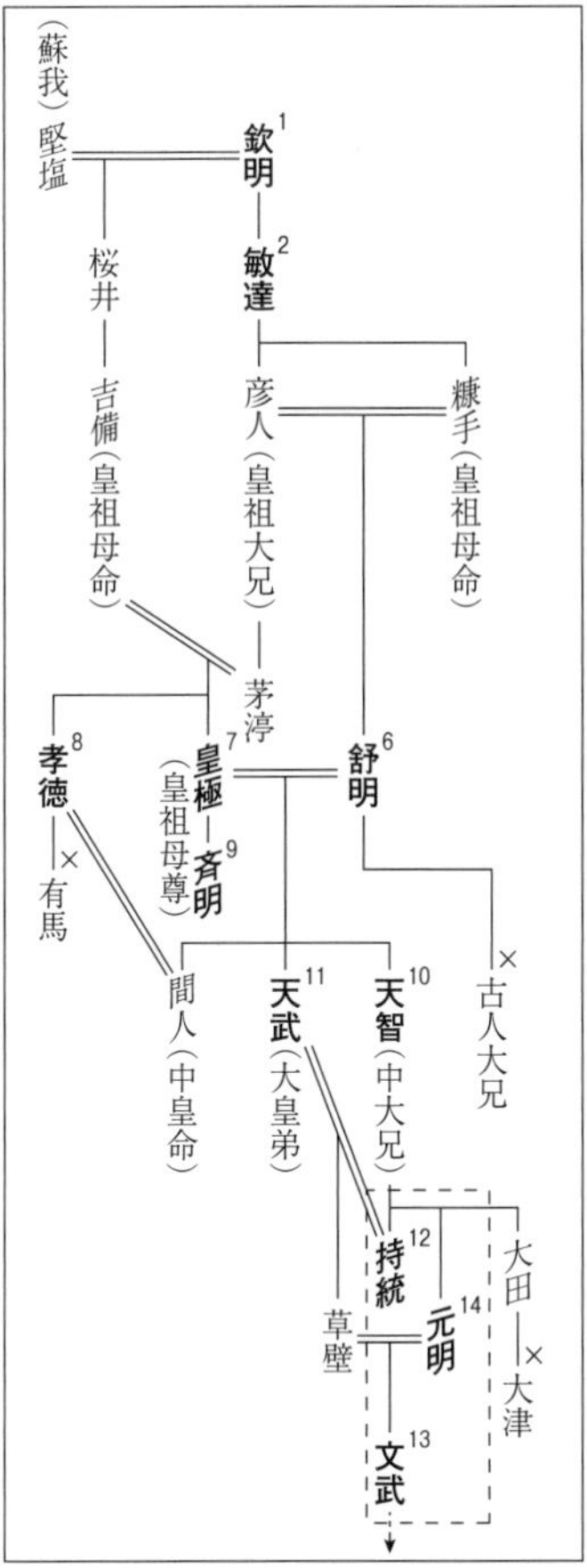

図7　皇祖母尊と双系的皇祖観。太字は天皇、斜字は女性、数字は王位継承順、×は政争の敗者、[ ]は文武3年時点の王権中枢。

母方双方に広がる双系的「皇祖」観である（義江明子「王権史の中の古代女帝」）。しかも舒明には「皇祖」の尊称がない。皇極の「皇祖母尊」を起点に、その母の吉備、皇極祖父で舒明父でもある彦人、ついで中大兄らの祖母で舒明母の糠手《あらて》へと、「皇祖」の尊称が広げられていったのだろう。飛鳥宮や八角墳と同様に、皇極による〝舒明＋皇極〟王統の創出に関わる「皇祖」観の形成である。

中大兄と大海人は、蘇我系キサキ（蝦夷・入鹿討滅後に本流となった倉／石川系）との婚姻を重ね、次の世代ではそれぞれの男女子の間で何重にも婚姻関係を結んでいる（本章1節図5）。娘の間人《はしひと》を弟孝徳に配したことも含めて、これらの婚姻策の起点はやはり皇極にあるのだろう。間人は「中皇命《なかつすめみこと》」（『万葉集』三番・一〇番題詞）、大海人は「（大）皇弟《すめいろど》」（天智三年〔六六四〕二月丁亥《ていがい》条他）と称された。

古代史研究では、敏達王統あるいは舒明王統といった用語をよく用いる。しかしこれらは、子孫が後に王位を継承したことから遡ってそう名づけているに過ぎない。世襲王権形成後も、同世代内での継承争いが基本だったから、次世代・次々世代に移行する際には、王位は複数王系の間を移動するのが常だった。それに対して皇極＝斉明は、世代を超えて続く〝王統〟の実態を自覚的に創りだそうとしたのである。〝皇祖〟の尊称はその表象だった。

†「先皇」斉明の位置

天智六年（六六七）二月、斉明と娘の間人は「小市岡上陵《おちのおかのうえ》」に合葬され、孫の大田は「陵前の墓」に葬られた。宮内庁の管理する斉明陵は高市郡高市町の車木《くるまき》ケンノウ古墳だが、二〇〇九年からの調査で、明日香村越《あすかむらこし》にある牽牛《けんご》子《し》塚《つか》古墳を真の斉明・間人合葬陵とする見方が強まっている。牽牛子塚は三段築成の正八角墳で、墳丘を囲む八角形の石敷遺構も確認された。巨岩をくりぬいた石槨《せっかく》内に間仕切りをして東西二室がある。二〇一〇年には隣接した古墳が発見された（越塚御《こしつかご》門《もん》古墳）。『書紀』のいう「陵前」の大田墓とみられる。

斉明が筑紫朝倉で没したのは斉明七年（六六一）七月、遺骸は飛鳥に帰還し殯が行われたが、その時の葬地は明らかではない。生前の四年（六五八）五月に孫の建王《たけるのみこ》（中大兄と蘇我遠智娘《おちのいらつめ》の子で、大田の弟）が幼くして亡くなった時に、斉明は「後に要《かなら》ず朕《わ》が陵に合わせ葬《ほうむ》れ」と命じていた。牽牛子塚古墳が築造された際に、建王も改葬して合わせ葬られたとみる説もあるが、明証はない。間人が没したのは、天智四年（六六五）二月である。牽牛子塚古墳と越塚御門古墳の造営が同時か前後するのかをめぐっても、『書紀』天智六年二月戊午《つちのえうま》条の解釈および考古学的知見の双方で諸説あり、定まらない。いずれにしても、母斉明と妹間人を合葬し、娘大田を隣接して葬ったのは、天智である。

間人は叔父孝徳のキサキとなったが、白雉《はくち》四年（六五三）に孝徳と「皇祖母尊」母子が対立したときには、母・兄（中大兄）・弟（大海人）と行動をともにした。間人が没すると、天智は三三〇人を出家させて手厚く供養している（四年三月癸卯《きぼう》条）。大海人のキサキとなった大田は、父中大兄・夫大海人とともに祖母斉明の率いる百済救援軍に同行し、その陣中で大伯《おおく》・大津《おおつ》の姉弟を生んだ。大田は持統の同母姉である。もしも大田が天武の有力キサキとして長命であったならば、持統の後半生は全く別のものになっていたかもしれない。

かつて推古は、欽明陵に母堅塩を改葬し、父母同葬を実現した。蘇我系大王としての自己の血統的正統性を誇示するために、それが必要だったからである。しかし皇極＝斉明は、治世中に〝舒明＋皇極〟王統の創出につながる動きを重ねてきながら、舒明陵への同葬は望まず、息子天智も母を舒明陵に追葬しようとはしなかった。それは、皇極＝斉明自身が〝舒明＋皇極〟王統の権威の根源であり、天智もその権威の延長上に自己を位置づけていたからではないか。天智は、同じ権威を共有する妹「中皇命《なかつすめみこと》」間人と娘大田を、母斉明とともに葬ることを選んだのである。大田の遺児大津を、天智は特に愛したという（持統称制前紀）。

文武《もんむ》三年（六九九）一〇月、越智《おち》（斉明）と山科《やましな》（天智）二陵の「営造《えいぞう》」（甲午《きのえうま》条。同月辛《かのと》

丑《うし》条では「修造」が命じられた。斉明陵はすでにみたように六六七年ないしそれ以前の造営、天智陵も六七二年の壬申乱勃発時に造営中だった（天武即位前紀）から、文武三年に行われたのは二陵の「修造」だろう。牽牛子塚古墳（斉明陵）の墳丘裾部の外周石敷などが整えられたのは、あるいはこの時かもしれない。

文武は斉明の曾孫、天智・天武の孫（祖母持統と母元明は天智の娘）である。この時の天智陵修造は、奈良時代を通じてみられる先帝天智の権威浮上の始まりとして注目されてきた（藤堂かほる「天智陵の営造と律令国家の先帝意識」）。同時に行われた斉明陵の修造も、時の王権中枢を構成する持統・文武・元明（図7の破線囲み）にとって、斉明が顕彰すべき〝先帝〟だったことを意味しよう。

天武は、八年（六七九）三月に越智に行幸《ぎょうこう》し、「後岡本天皇陵《のちのおかもとてんのうりょう》」（斉明陵）を拝した。他方で、父舒明陵への参拝記録はない。先帝陵を守衛する陵戸《りょうこ》の制度は持統五年（六九一）一〇月に始まり八世紀前半にかけて、先帝には陵戸《りょうこ》五戸以上、足りなければ守戸《しゅこ》を充てていった。『延喜式《えんぎしき》』によれば、斉明陵の陵戸五、天智陵の陵戸六、天武・持統陵の陵戸六に対して、舒明陵は陵戸三、彦人墓は守戸五である。七世紀末から八世紀前半の律令国家形成期の天皇たちにとって、〝先帝〟斉明がいかに重要な存在であったかがうかがえる。

第五章

持統——律令国家の君主へ

1 「皇后」の成立

†氏組織の再編

壬申の乱に勝利した大海人は、乱終結の翌年（天武二、六七三）二月に、飛鳥浄御原宮《あすかきよみはらのみや》で即位した（天武）。父舒明の岡本宮に重ねて母斉明の板蓋宮《いたぶき》・後岡本宮《のちのおかもと》が営まれた同じ場所にさらに重層して新たに築かれた宮である。即位後の天武は、軍制の整備、律令の編纂、氏《うじ》の再編と氏上《うじのかみ》の認定、カバネの序列化など、新たな中央集権体制の構築を進めていった。全面的な武力抗争を勝ち抜いた天武が主導したからこそ、豪族たちは矢継ぎ早の改革を受け入れたのだろう（義江明子『天武天皇と持統天皇』。以下、本章の叙述は主に同書による）。

従来の氏《うじ》は、双系的親族結合の原理のもと、個々のメンバーには父方母方の複数の氏への潜在的帰属権があった。現実の諸条件に応じてそのうちの一つの帰属が顕在化するが、稀に二つの氏に両属し、双方の氏名《うじな》をあわせて名のることもある。氏人《うじびと》の範囲は不明確で流動的だったのである。また、政治的同盟・服属関係の変化にともなって氏族相互の擬制的同族関係が組み換えられ、それに応じて系譜の加上・改変もなされるのが常だった（義江明子『日本古代の氏の構造』『日本古代系譜様式論』）。

こうした氏組織を、官人の出身母体として明確に把握し序列化するためには、父系の継承原則を定め、氏と氏人の範囲を確定し、氏上《うじのかみ》（族長）を公的に定めねばならない。天武一〇年（六八一）に大氏《おおうじ》（規模の大きな氏）の細分化と氏上の官司《かんし》への登録がなされ、天武一三年（六八四）には八色姓《やくさのかばね》の制定により氏の序列化がはかられた。その後、大宝令施行直後の大宝二年（七〇二）にも、新たに忌寸《いみき》以上の姓を賜った氏（中央官人層の出身母体に相当する）に対しては再度、氏上の登録が命じられる。こうした制度的改変が浸透していき、実際に氏が父系出自集団としての姿を明確にするのは、九世紀以降である。

男女の氏人《うじびと》（豪族）が「宮人《みやひと》」として出仕するそれまでのあり方に代えて、天武二年（六七三）には男女別の出仕法が定められた。天武八年（六七九）に、氏《うじ》を単位として女性を出仕させる「氏女《うじめ》」制の原型が定まる。中央集権的な国家建設の一環として、男女別出身法が出現するのである（伊集院葉子「古代女官研究の視点」）。男女の制度的区別が、まず官人組織の編成として顕著に現れることに注目しておきたい。

王位継承のあり方を変えていくことも、緊急で必須の課題だった。壬申の乱で天武は、卑母所生で若年の大友を相手に大規模な戦いを余儀なくされた。こうした争いを未然にふせぐために、何らかの手を打たねばならない。七世紀半ばの皇極譲位、その後の斉明重祚・天智治世を経て、継承候補となる御子《みこ》の範囲は、かつて世代内継承が行われていた頃の幅広い傍系親族、複数王系の並存とは異なり、〝舒明＋皇極〟の子孫に絞られてきていた。しかし、血統上の複数有資格者による実力抗争、そこで資質を示し群臣の支持を得た者が次の王たりうるという構造は、依然としてそのままだったのである。この構造に風穴をあけるには、御子たちを序列化せねばならない。だが、それは容易なことではなかった。

†吉野盟約と御子の序列

天武八年（六七九）正月に、まず卑母に対する拝礼禁止の詔が出された。王族が非王族の母を拝むこと、諸臣が自分より低い出自の母を拝むことが禁じられたのである。正月拝礼の対象は、「兄姉以上の親《うから》と己《おの》が氏長《うじのかみ》」に限定された。のち文武元年（六九七）閏一二月にも同様の禁令が出されるが、そこで拝礼を許されたのは「祖父兄及び氏上」である。天

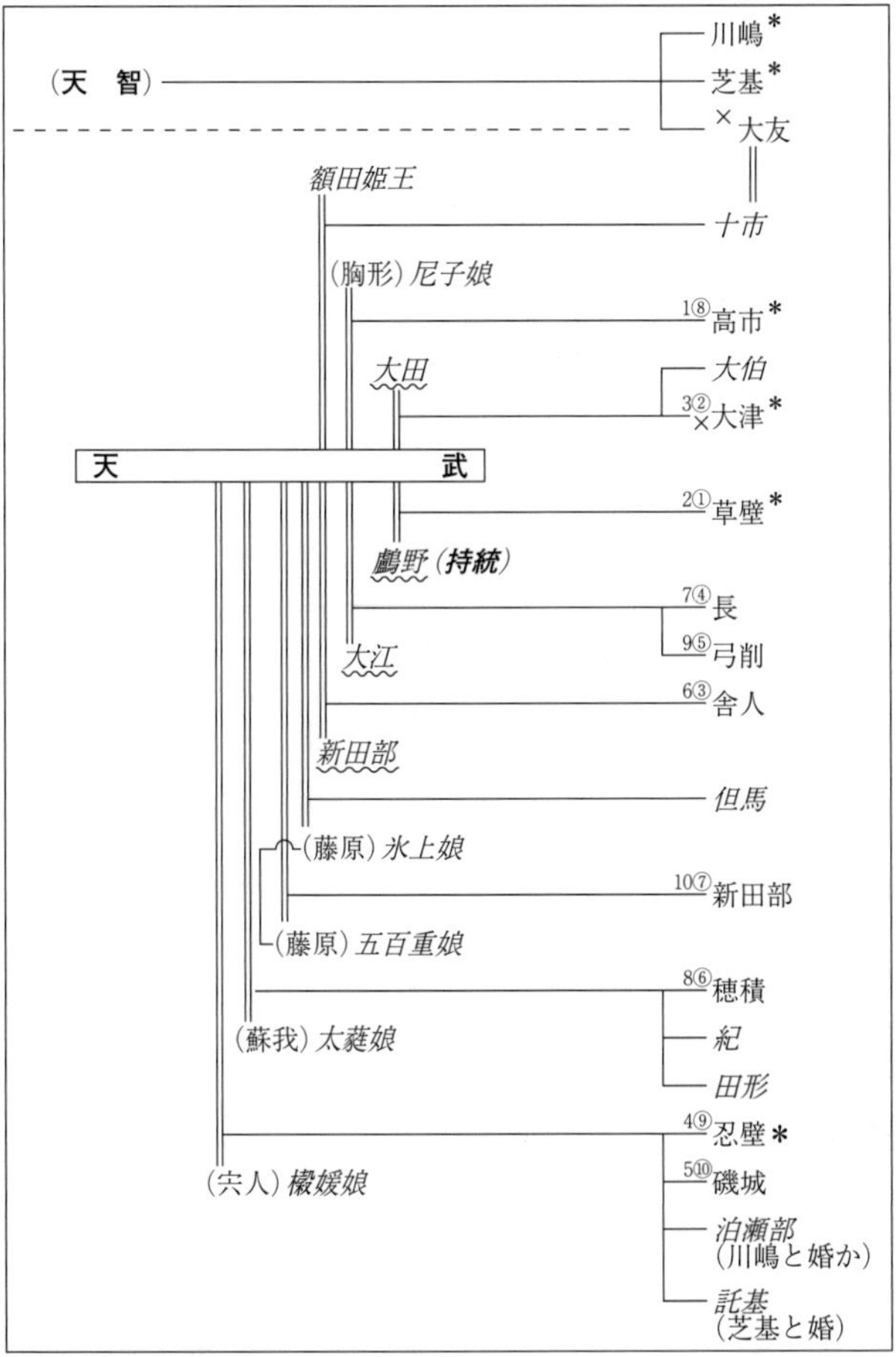

図8　天武諸御子の出生順と序列。太字は天皇、斜字は女性、波線は天智の娘、数字は男子の出生順（推定）、丸数字は男子の序列、*は吉野盟約参加の御子、×は政争の敗者。

武初年の段階では「兄姉以上」、つまり「父兄」だけではなく女性年長親族に対する尊崇《そんすう》も、社会慣行として根強く存在していたことがうかがえよう。

同年の五月、天武は吉野宮《よしののみや》に行幸《ぎょうこう》した。吉野は壬申の乱において大海人挙兵の起点となった場所である。以後も天武〜持統朝を通じて吉野行幸はくり返され、乱を想い起こさせることで時の権力への結集がはかられていく。この場で天武は、「皇后」鸕野《うの》と草壁《くさかべ》・大《おお》津《つ》・高市《たけち》・河嶋《かわしま》・忍壁《おさかべ》・芝基《しき》の諸御子との間で互いに、将来の争いを防ぐ（「千載《せんざい》の後《のち》に、事無《ことな》からしめん」）ための盟《ちか》いを行った。いわゆる吉野の盟約である。

まず草壁が進み出て「私たち兄弟長幼十余名は、母は異なりますが、ともに天皇の仰せにしたがって助け合います」と盟い、他の五人の御子も一人一人順に、同様の盟いを行った。これに対して天武は、「朕《わ》が男等《こども》」と呼びかけ、「それぞれの母は異なるが、一人の母から生まれたのと同様に慈《いつく》しもう」と、六人の御子を懐に抱いて堅く盟った。「皇后」鸕野もまた、同様に（六人の御子を抱き）盟った。

盟約に参加した六人のうち、河嶋と芝基は天智の子である。天智と天武の御子たち（舒明・皇極の孫たち）が次世代の後継候補（「朕《わ》が男《こ》」）であり、その中で年長の六名が実際に盟約に参加したのだろう。忍壁は母が〝卑母〟（宍人檝媛娘《ししひとのかじひめのいらつめ》）なので序列は下がるが、出生順では天武男子の四番目である。また、天智の御子である河嶋と芝基は、それぞれ天武の娘（泊瀬部と託基《たき》）と婚姻関係を結んだらしい（『万葉集』一九四・一九五番左注、同六六九番題詞分注）。年長の六人は、従来の観念からすれば、ほぼ同等の立場で次世代の後継候補であり、その意味で天武の「子」だった。

六〜七世紀の王位継承争いの実態をみれば明らかなように、異腹《いふく》の御子たちは一番のライバルである。その争いを防ぐための方策が、「皇后」（天智の娘鸕野讃良《うののさらら》、のちの持統）を諸御子すべての〝母〟に擬制する（「一母同産《ひとつおもはらから》の如《ごと》く」）ことだったのである。だがこの方策は、御子の序列化としては、きわめてもろいものでしかない。鸕野の実子草壁は六人の筆頭として振る舞ったとはいえ、諸御子は基本的に同列である。草壁に続いて一人一人が同様の盟いをする必要があったところに、それを如実にみてとることができよう。

†草壁立太子への疑問

『書紀』によると、草壁は盟約の二年後、天武一〇年（六八一）二月に「皇太子」となって「万機《よろづのまつりごと》を摂《ふさねおさ》め」（国政を担った）とされる。また、天武末年の朱鳥《あかみとり》元年（六八六）七月には、「天下の事、大小を問わず、悉《ことごとく》に皇后及び皇太子に啓《もう》せ」との勅《みことのり》により、「皇后」（鸕野）とともに後事を委ねられたという。だがこれは史実だろうか。

吉野盟約の時、草壁は一八歳。続いて記される大津と高市は、高市が最年長で二六歳、大津が一七歳である。高市は、母は地方豪族宗像氏の出身で〝卑母〟だが、壬申の乱（六七二）では天武長子（当時一九歳）として果敢に戦い、すぐれた軍事統率力を群臣に示した。

「……ちはやぶる　人を和《やわ》せと　まつろはぬ　国を治めと　皇子《みこ》ながら　任《ま》けたまへば　大御身《おおみみ》に　大刀《たち》取り佩《は》かし　大御手《おおみて》に　弓取り持たし　御軍士《みいくさ》を　あどもひたまひ……」

（逆らう者どもを鎮めよと高市皇子にお任せになったので、皇子は弓を手に号令なさり……）と、柿《かきの》本人麻《もとのひとま》呂《ろ》はのちにその時の高市の雄姿を詠いあげた（『万葉集』一九九番、高市皇子挽歌《ばんか》）。乱における高市の活躍と天武の信任は、人々の記憶に強く焼きついていたのである。草壁と大津は、乱当時はまだ幼い少年に過ぎない。

　血統からいうと、草壁の母鸕野（持統）と大津の母大田《おおた》はともに天智の娘で、蘇我系キサキ遠智《おち》を母とする同母姉妹である（第四章1節図5）。年齢的にもわずか一歳差で、継承候補としての草壁と大津の差はほとんどない。ただ大津の母大田はすでに亡く、草壁の母鸕野は健在という点だけが、大きな違いである。逆にいえば、草壁にとっては母鸕野の存在と権威こそが、自己の政治的立場を高めるための唯一の拠りどころということになる。

　吉野盟約（六七九）と草壁「立太子」（六八一）ののちの、これら有力三御子の客観的処遇をみてみよう。天武一四年（六八五）正月改定の冠位四八階で、草壁は浄広壱《じょうこういち》、大津は浄大弐《じょうだいに》、高市は浄広弐《じょうこうに》を授けられた。河嶋と忍壁も浄大参《じょうだいさん》で、高市に次ぐ。令制官位のような一位・二位……という単純序数でないためわかりにくいが、それぞれの差はわずかに一段きざみである。天武が亡くなる一ヵ月前、朱鳥《あかみとり》元年（六八六）八月の封戸《ふこ》加増でも、草壁・大津・高市の三者は同額の四〇〇戸を与えられた。冠位ではたしかに、草壁が筆頭に位置する。しかしのちの令制では、皇太子は天皇と同じく冠位を超越する存在である。それと比べると、草壁が浄広壱の冠位を与えられたこと自体、逆に皇太子制が未成立だったことを示唆しよう（荒木敏夫『日本古代の皇太子』）。

『書紀』は草壁を「皇太子」とし、「皇子尊《みこのみこと》」という特別の尊称で記している。しかし天武一〇年二月の立太子記事は、「律令を定め法式を改めん」との詔のあとに「是日……」で挿入されていて、律令選定と立太子を関連づける後の観念による作為が濃厚に感じられる。「皇子尊」の尊称も、『書紀』以外には『続日本紀』と『万葉集』題詞にみられるだけで、いずれも後世の編纂史料である。『書紀』は高市についても、死没記事では「後皇子《のちのみこ》尊《みこと》」と記す（持統十年七月庚戌《かのえいぬ》条）。

これらを総合すると、草壁・大津・高市の三者は、他の諸御子よりは抜きんでているが相互にはほぼ同等、というのが天武在世当時の実態とみるべきだろう（義江明子「持統王権の歴史的意義」）。

†鸕野「皇后」と草壁「皇太子」

　では鸕野「皇后」は史実だろうか。『書紀』は、天武二年二月の即位後ただちに「正妃《せいひ》」（鸕野）を立てて皇后としたとし、妃・夫人などの他のキサキとそれぞれの所生子を次に列記する。しかしすでに明らかにされているように、実際に「皇后」の地位・称号が制度的に定まるのは七世紀末の飛鳥浄御原令、「妃《ひ》・夫人《ぶにん》」などの序列が定まるのは八世紀初の大宝令においてである。『書紀』の后妃記事が示す立后《りっこう》および序列は、編纂時の観念と評価による後世のものとみなければならない。

　立后記事を除くと、天武治世において実際に鸕野が登場するのは吉野盟約が最初となる。以後、同年一〇月に「天皇・皇后・太子」が新羅使の朝貢を受けたとあるのを初めとして、「皇后」として天武と並んでの鸕野の行動が活発に見え始める。天武一〇年二月の「立太子」も、「天皇・皇后」がそろって大極殿にのぞみ律令選定を命じたとの記事に続いて、「是日……」で記されている。天武紀の草壁「皇太子」関連記事のほとんどは、母鸕野「皇后」とセットでの記載なのである。

　天武一一年（六八二）七月に膳臣摩漏《かしわでのおみまろ》が亡くなり、壬申の年の功によって贈位《ぞうい》・賜禄《しろく》がなされた。さらに「皇后」からも、「官賜《かんし》に准《なぞ》らえて」（官からの賜い物の数に準じて）特に賜わり物があった。壬申の乱の功臣と子孫には、天武以降、八世紀半ばに至るまで、ことあるごとに贈位・賜田などの恩典が与えられた。彼らの現実の政治的地位は高くなく、政局を動かすこともなかった。だが顕彰の機会ごとに乱での功績が想い起こされ、そのことが時の天皇たちの正当性を誇示することにつながったのである。鸕野はこの顕彰の機会に割り込んだことになる。

乱の当時、鸕野は幼い草壁とともに桑名にとどまり、何ら顕著な活躍を示せなかった。全軍の指揮をしたのは大海人（天武）であり、その委任を受けて実際に戦った御子は高市である。天武一一年の功臣顕彰行為に「皇后」が特に関与したことは、乱にまつわる〝記憶〟を鸕野が簒奪し始めたことを意味する。摩漏《まろ》の病床見舞いに、高市と並んで「草壁皇子尊」が遣わされた（同月三日条）ことにも、同様の意図がうかがえよう。

吉野盟約は、御子たちの序列化としては不充分にしか機能しなかったが、複数のキサキの中での鸕野の特別の地位を明示する上では、明らかに大きな意味があった。『書紀』持統称制前紀に描かれる「天渟《あまのぬ》中《な》原瀛真人《はらおきのまひと》天皇（天武）に従《したが》いて、難《わざわい》を東国に避けたまう。旅《いくさ》に鞠《つ》げ衆《もろひと》を会《つど》えて、遂に与《とも》に謀《はかりごと》を定む」「始めより今に迄《いた》るまで、天皇を佐《たす》けて天下を定めたまう」（壬申の乱では天武ともに東国にあり、軍衆を集めて計略をめぐらした。皇后になってからは終始、天皇を補佐して天下を保った）という持統像は、天武八年吉野盟約以後の鸕野の地位、とりわけ一一年頃からの活動の成果を投影したものだろう（寺西貞弘「鸕野皇女と吉野の盟約」）。

その意味で吉野盟約は、鸕野の「皇后」としての地位確立に向けた画期となったことは間違いない。壬申の乱後の天武は、王権の強化と中央集権的な国家機構を作り上げる方向をおし進めていった。王の個人的資質に依存する王権構造から、国家機構の上に立つ君主への転換をめざしたのである。しかし〝人から機構へ〟の転換をなし遂げるためにも、まず、群臣を心服させるに足る君主の人格的力量が必要だった。孤独なカリスマ天武のかたわらにあって、鸕野は次第にその政治的力量を示し、天武の片腕に成長していったのだろう。それが吉野盟約での鸕野の特別の地位、そしてその後の飛躍につながったのである。

†「天皇」号と「皇后」「皇太子」「皇子」

飛鳥寺に接してその東南に位置する飛鳥池《あすかいけ》遺跡からは、「大伯皇子宮《おおくのみこのみや》」「舎人《とねり》皇子」「穂積《ほづみ》皇子」「天皇」、飛鳥京《あすかきょう》外郭域からも「大津皇《おおつのみ(こ)》」と記した木簡が出土している。ここに名前のみえる皇子は、いずれも天武の男女子である（図8）。木簡の出土状況からみて、天武一〇年（六八二）頃までには「天皇」の子を意味する「皇子」号が、王族一般の総称たる「王」号とは区別して用いられるようになっていたらしい（虎尾達哉「律令国家と皇親」）。

「大伯皇子」とは大津の姉で、祖母斉明が百済復興救援軍を率いて船出した時に大伯海《おおくのうみ》（現、瀬戸内市邑久《おく》町）で生まれ、のち伊勢《いせ》斎宮《さいぐう》に派遣された「大伯皇女《おおくのこうじょ》」を指す。木簡が「皇女」でなく「皇子」とするのは、倭語〝みこ〟の漢語表記だからである。木簡には、男女共通の「王《みこ》」号から男女別の「皇子《みこ》／皇女《ひめみこ》」号へと転換する、その過渡期の様相がみてとれよう。

天武一〇年頃には、「天皇」号とともに「皇后」「皇子」の地位と称号が、漢語表記を伴って実質的に形成されつつあったらしい。「皇后」の制度的確立は六八九年の飛鳥浄御原令においてだが、鸕野はそれに先だって実質的な初代「皇后」の立場を固めていた。

第三章3節でみたように、「天皇」号の始用／試用は、七世紀前半にもなされた可能性が高い。しかし君主号としての「天皇」号は、正妻格のただ一人のキサキ＝「皇后」、王族一般とは区別された天皇の御子＝「皇子／皇女」の地位・称号の成立と一体で、天武朝後半にその実質を備えていき、飛鳥浄御原令で制度的に確立したのである。「皇太子」制の成立が飛鳥浄御原令であることも、この文脈において再確認できよう。

2　即位儀の転換

†天武の死と持統称制

天武は朱鳥元年（六八六）九月九日に病で没し、一一日には浄御原宮の南庭に殯宮《ひんきゅう》が起《た》てられた。殯《もがり》は二四日から始まり、二七日から三〇日までの四日間にわたり、諸臣による誄《しのびごと》奏上がなされた。『書紀』が記す誄の次第は、天武朝に達成された諸官司の編成が一望できる好個の史料とされる。

そこには、並列する様々な官司群の充実ぶりがうかがえるものの、官司相互の上下の統属関係には疑問が残る。それらの統括は、天武個人の人格に依存するところが大きかったのだろう。天武の後継者は、天武に並ぶ人格的力量をもち、かつ、個人に依存しない官司機構を確立するという課題を担うことになる。その課題を果たしたのが、持統だった。

天武が没した時点で、草壁（二五歳）・大津（二四歳）・高市（三三歳）の実質的な序列は不明瞭なままだった。草壁は〝皇后〟鸕野の子として筆頭に位置するものの、年齢と経験（特に壬申の乱に関わる）で高市に決定的に劣り、母の血統的尊貴性では一歳下の大津と同格である。

『懐風藻《かいふうそう》』によると、大津は文／武ともに優れた資質を発揮していたらしい。晩年の天武は一二年（六八三）二月に、大津を朝政《ちょうせい》に参画させた。草壁については、特にその資質を示す史料的手がかりがない。他方で政治的婚姻関係をみると、三皇子は揃って天智と蘇我系キサキの間に生まれた〃皇女〃を妃としている（第四章1節図5）。これらの婚姻は、いうまでもなく父天武の意向を受けてのものだろう。その意味で天武は、次世代以降の担い手として三人を均《ひと》しく扱っていたことになる。

こうした微妙な緊張感をはらんだまま、殯儀礼は始まった。持統称制前紀は、殯開始から数日を経た一〇月二日に、大津の謀反が発覚したと記す。翌三日に大津は死を賜り、妃の山辺《やまべ》（母は蘇我赤兄《あかえ》の娘）も同時に死んだ。与党・従者も逮捕されたが、二九日には持統の「詔」により、「今、皇子大津、已《すで》に滅びぬ」として、ほとんどが赦《ゆる》された。『懐風藻』によれば大津に謀反をすすめた張本人とされる新羅沙門行心《しらぎのしゃもんぎょうしん》すら、「朕《われ》、加法《つみ》するに忍びず」として飛驒《ひだ》の寺への移配にとどまった。要するに、大津が死ねば、それで一件落着だったのである。事件の背後にいたのは、鸕野＝持統とみるべきだろう。

天智の娘で、天武〃皇后〃としての国政経験も積んだ四六歳の鸕野の即位は、従来の世代内継承・長老優先の慣行からすれば、順当なはずである。しかし、七世紀半ば以降、この慣行にはゆらぎが生じていた。斉明重祚に続く有馬（孝徳の御子）の謀反による死、天智死後の大友と大海人の武力抗争にみられるように、先王御子の若年男子が、現実の継承者（ないし脅威）として立ち現れてきたのである。天武八年（六七九）の吉野盟約は、まさにそうした脅威の再現を恐れてなされたが、御子序列化の実効性に乏しかったことはすでにみた通りである。

高市は天武長子で、壬申の乱の活躍により群臣からの高い信望があるとはいえ、〝卑母〟所生であり、当面の脅威とはなり得ない。こうした状況下で、天武の死後、ただちに鸕野は臨朝称制《りんちょうしょうせい》（即位せずに国政を掌握すること）して権力を握り、大津を葬ったのである。その意味で、大津は草壁の将来のライバルというよりは、持統の当面の脅威としてこのタイミングで滅ぼされた、とみるべきだろう。この果敢な実力行動によって、鸕野は強力な統率者としての資質を群臣に示したのである。

†即位儀の画期性

持統二年（六八八）一一月、長期の殯《もがり》を終えた天武を檜隈大内《ひのくまおおうち》陵に葬り、翌年四月に草壁が病死すると、四年（六九〇）一月に持統は正式な即位儀を行う。元日から三日にかけて挙行された即位儀は、従来と多くの点で異なる画期的なものだった。

戊寅《つちのえとら》（一日）
物部麻呂《もののべのまろ》が大楯《おおだて》を樹《た》て、神祇伯中臣大嶋《かむづかさのかみなかとみのおおしま》が「天神寿詞《あまつかみのよごと》」を読む。畢《おわ》ると忌部色夫知《いんべのしこぶち》が「神璽《かみのしるし》の剣・鏡」を「皇后」に奉上《たてまつ》り、「皇后」即位。公卿百寮《まえつきみつかさつかさ》は「羅列《つらな》りて匝《あまね》く拝《おが》みたてまつり、手拍《う》つ」。
己卯《つちのとう》（二日）
公卿百寮による「拝朝《みかどおがみ》」は賀正《がしょう》の儀《ぎ》のごとし。丹比嶋《たじひのしま》と布勢御主人《ふせのみうし》が「賀騰極《ひつぎよろこぶること》」（即位を祝う辞）を奏《もう》す。
庚辰《かのえたつ》（三日）
公卿《まえつきみ》に内裏《おおうち》で「宴《とよのあかり》」す。

天神寿詞（天の神々による祝福の言葉）を奏上することは持統の即位儀から始まり、以後の践祚《せんそ》／大嘗《おおなめ》儀式に引き継がれていく。奉上される鏡・剣が「神璽《しんじ》」と呼ばれたのも、この時が初めてである。のちの文武《もんむ》即位宣命では、持統は天《あめ》に坐《ま》す神の「委《よさ》し」（委任）を受け「現御神《あきつみかみ》と大八嶋国《おおやしまぐに》知らしめす天皇」（神として大八嶋国——日本——をお治めになる天皇）と称えられている（『続紀』文武元年八月庚辰条）。天神の「寿詞」を受けた持統は、神から統治を委任された「現御神」となり、臣下から「神璽」を奉《たてまつ》られて、即位したのである。「手を拍《う》つ」のは、神に対する拝礼の作法であり、即位した持統を臣下は「神」として拝礼したことになる。

振り返ってみると、六世紀初の継体の時には、群臣が複数候補の中から男大迹《おおど》を選び、「天子の鏡剣の璽符《みしるし》」を捧げて王となることを請い、それを受けて継体《けいたい》は即位した（第二章1節）。ところが持統の時には、「現御神」持統に対して、忌部《いんべ》氏《うじ》が職務として「神璽」奉上儀礼を行い、群臣筆頭たる丹比嶋《たじひのしま》と布勢御主人《ふせのみうし》は、即位の翌日に祝辞を述べたに過ぎない。かつてのレガリア奉呈は、即位以前に行われる継承者決定の儀式であり、〝群臣推戴〟の象徴だった。持統はそれを転換して、即位後の儀礼の一部に組み込んでしまったのである（熊谷公男「持統の即位儀と「治天下大王」の即位儀礼」、溝口睦子「神祇令と即位儀礼」）。

この転換を可能にした背景には、天孫降臨《てんそんこうりん》神話――天から下された神の子孫が、地上の支配者となり、代々皇位を継承していく――の成立があろう。いわゆる高天原《たかまがはら》神話の最終的形成は持統の頃と考えられ、『書紀』が記す持統の和風諡号は「高天原広野《ひろの》姫《ひめ》」である。「広野」は実名の鸕野《うの》にちなむのだろう。

天武も、万葉歌で「大君《おおきみ》は神《かみ》にしませば」と詠われた。しかし天武が獲得した「神性」（万葉歌一六七番など）は、卓越した軍事指導者としての人格と結びついた、いわば一代限りのものだった。持統はそれを、神話にもとづく天皇の神的権威として普遍化・体系化し、君主の正当性のバックボーンにまで引き上げたのである。

持統三年（六八九）六月の浄御原令《きよみはらりょう》施行（諸司への班布）も、即位儀の転換と関わる。これによって官位相当制が定まり、天皇の代替わりと関わりなく、官人は与えられた位を保持し、相当する官職に就き、勤務実績によって昇進を重ねていくシステムができた。〃群臣による王推戴と新王による群臣任命〃という一代ごとの相互依存関係に代わって、制度に支えられた新たな君臣関係が成立したのである。これにより、レガリア奉呈は本来の意義を失うことになった（遠藤みどり「七、八世紀皇位継承における譲位の意義」）。

持統が称制四年目で正式に即位したことについては、息子草壁が前年に病死したので、その遺児珂瑠《かる》（文武）の成長までの「中つぎ」として、という理解が根強い。しかし、天武没時の客観的状況において草壁の即位が困難だったことはもちろん、さしたる事蹟／資質の伝わらない若年の草壁に、即位儀のこのような転換が可能だったとは思われない。群臣は、実質的〃皇后〃として天武後半の国政に関わり、大津を果敢な行動力で迅速に滅ぼし、浄御原令制定を着実に進めるなどの持統の統治者としての力量を見てきたからこそ、即位儀の大きな転換を新たな国家の方向を示すものとして受け入れたのだろう。称制の三年余は転換へ向けての準備期間であり、持統は満を持して即位儀に臨んだのである。

†藤原京の造営

藤原京《ふじわらきょう》は、条坊《じょうぼう》を備えた初の中国式都城《とじょう》である。天武五年（六七六）の「是年《このとし》、新城《にいき》に都つくらんとす」という記事が、計画の発端を示す。しかしその後、様々な要因で数度の中断があり、本格的に再スタートするのは、即位儀の行われた持統四年（六九〇）の一二月である。完成した藤原京は、持統による国家構想の一環とみてよいだろう。翌年一〇月に「新益京《あらましのみやこ》」の鎮祭《ちんさい》、翌々年五月に「藤原宮地」の鎮祭が行われ、八年（六九四）一二月に持統は「藤原宮」に遷居した。「新益京」とは、従来の「倭京」を（北西に）新たに拡大した京という意味である。

藤原京の範囲はかつて、東は中ツ道、西は下ツ道、南は山田道、北は横大路という基幹古道に囲まれた東西約二・一キロメートル、南北約三・二キロメートルと考えられていた。しかしその後の発掘でこの範囲外に条坊道路・京域端の発見が相次ぎ、約五・三キロメートル四方で十条十坊の京域を想定するのが、現在の通説である。宮はその中央に位置し、平城京以降の「北闕型《ほっけつ》」（京域の北辺に宮を置く）とは大きく異なる。

この構想の背景には、中国の古典的国制を示すとされる『周礼《しゅらい》』考工記《こうこうき》の王城観があるらしい（中村太一「藤原京と『周礼』王城プラン」）。遣唐使派遣が途絶える中、現実の中国都城を手本にすることは困難だったのである。それに加えて、朝鮮諸国を介して受容した南北朝以前の中国の都城および新羅王城の影響を指摘する見方もある。

藤原宮の中心に位置するのが、巨大な大極殿《だいごくでん》南門である。宮が京域の中心に位置するので、この門は京全体の中心でもある。門を挟んで北側は天皇の居住・政務儀礼空間、南側は臣下の政務空間である。隋使《ずいし》裴世清《はいせいせい》を迎えた際の『書紀』の記述（第三章2節）から推定される七世紀初の小墾田宮の構造（図9）——南から「南門」「庭中（庁）」「大門」「大殿」——と比較してみると、推古がいる奥の「大殿」と南の「庭中」を隔てる「大門」が巨大化して藤原宮の「大極殿南門」となり、天皇の住まいである「大殿」とは次元の異なる出《しゅっ》御《ぎょ》空間として、「大極殿」が内裏《だいり》（禁省《うちつみや》）内に成立したこと、南の「庭中（庁）」が官司の執務する「朝堂院」として整備されたことがわかる（次頁図10）。

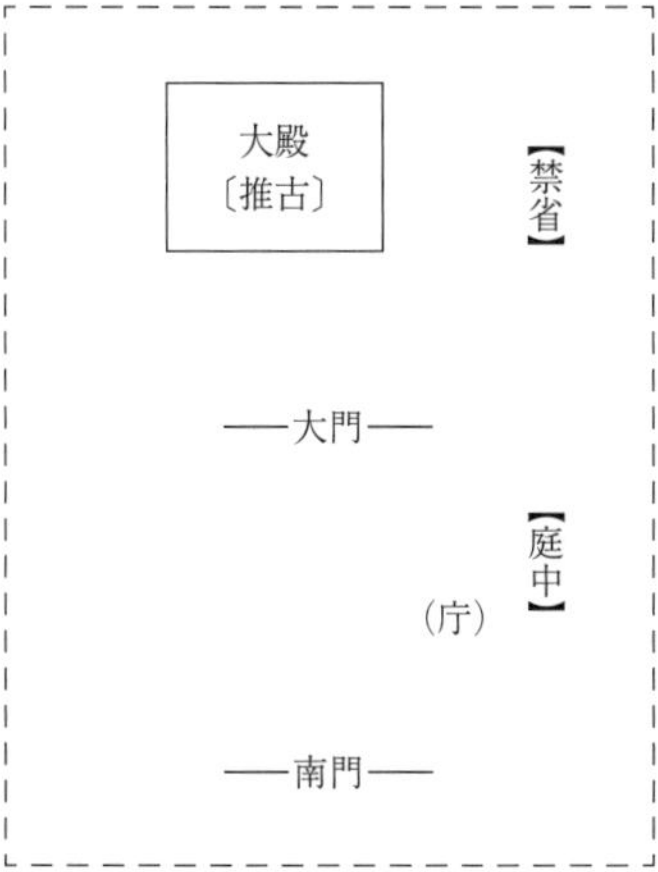

図9　小墾田宮の大殿と大門。筆者作成。

　こうした空間構造が整って始めて、天皇が外国使節の前に姿を現すことが可能になった。『続日本紀』文武二年（六九八）正月壬戌《みずのえいぬ》

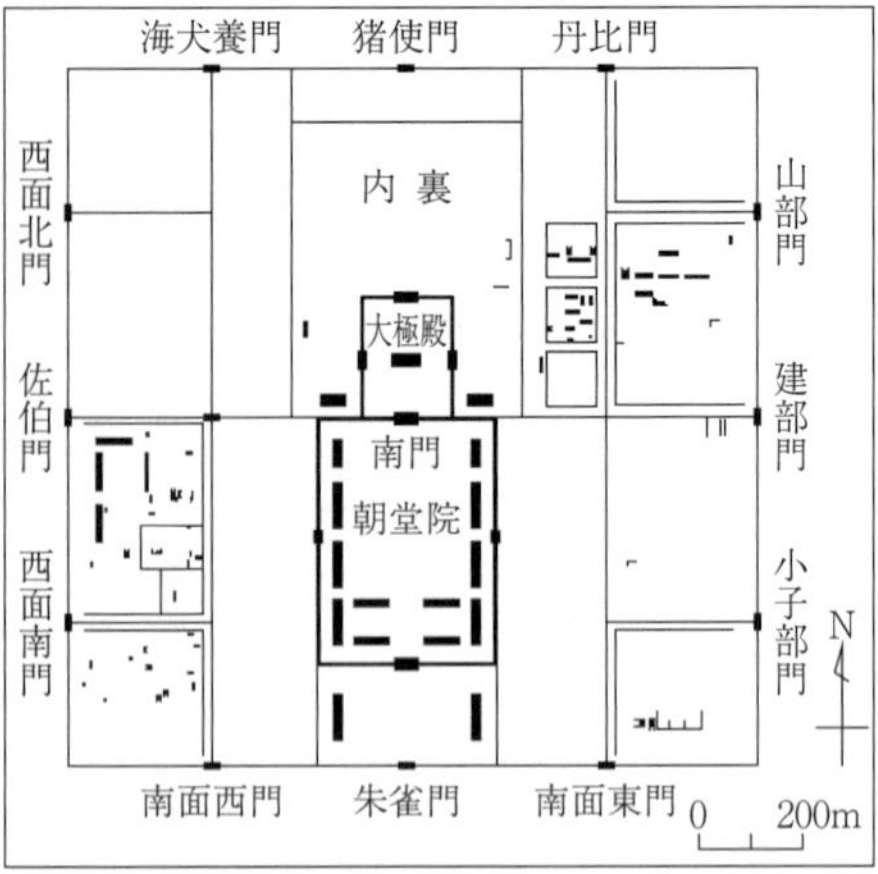

図10　**藤原宮と大極殿南門**。義江明子『天武天皇と持統天皇』（山川出版社、2014年）63頁図「藤原宮の大極殿と朝堂院」に加筆作成。

（一日）条は、「天皇、大極殿に御《おわ》しまして、朝を受けたまう。文武百寮と新羅朝貢使と拝賀す」と記す。飛鳥浄御原宮から藤原宮への遷宮は持統八年（六九四）一二月だが、その時点ではまだ大極殿はできあがっていなかった。四年後の文武二年にようやく、大極殿に出御《しゅつぎょ》して正月朝賀を受けたのである。完成した大極殿はその後、八世紀の平城宮、さらに恭仁《くに》宮《みや》へも礎石ごと移建されたことが、発掘で確認されている。それだけ、藤原宮大極殿の造営は画期的モニュメントだったのである。

完成した藤原宮は「やすみしし　わご大君《おおきみ》　高照《たかて》らす　日《ひ》の皇子《みこ》　荒《あら》たへの　藤井が原に　大御門《おおみかど》　始めたまいて……」と、その威容を詠われた（『万葉集』五二番「藤原宮三井の歌」）。礎石建ちで丹塗《にぬ》り柱・瓦葺《かわらぶ》きの大極殿や宮城門は、遠方からも容易にみえ、支配機構の頂点に立つ天皇の力を実感させるものだった。それまでは寺院にしかなかった瓦葺きの壮大な建造物が、京の中心に聳《そび》え建ったのである。天皇の独占空間たる大極殿と向かいあう朝堂院には、儀式のための広い庭を囲んで一二の朝堂があり、大臣以下各官司の座が設けられた。日常実務の行われる官衙《かんが》は、宮域の東西に配置された。

もちろんここに至るまでには、孝徳難波宮での先駆的試みを経て、その後、後飛鳥岡本宮（斉明）―近江大津宮（天智）―飛鳥浄御原宮（天武・持統）と、何段階もの宮構造の変遷があった。持統の藤原京／宮で、それらが現実に中央集権的官司機構の容れ物として完成をみたのである。斉明の時に王宮の北方に展開して造られた饗宴・儀礼施設（石神《いしがみ》遺跡・水落《みずおち》遺跡）は、天武期には取り壊されて官衙《かんが》施設となり、藤原宮期には方形の役所区画となる。浄御原宮の段階までは分散していた国政諸機能が、藤原宮内に吸収編成されたのである。条坊道路で区切られた藤原京内には官人の宅地が班給《はんきゅう》され、豪族たちは旧来の本拠地を離れて京に集住し、朝廷の各官司に日々、出仕することになった。

3　譲位制の確立と太上天皇

†吉野行幸と高市の処遇

吉野の離宮は、斉明二年（六五六）に造られた。天智末年、近江朝庭を逃れた大海人は離宮に入り、そこから挙兵して勝利を収めた。吉野は、天武王権にとっての〝聖地〟となったのである。天武八年（六七九）五月の吉野盟約も、この地で行うことに大きな意味があったとみるべきだろう。天武治世中に行われた吉野行幸は、実はこの時だけである。ところが持統は、二年（六八八）一一月に長期の殯を終えた天武を埋葬すると、翌三年正月以降は、ほとんど異常ともみえるほど頻繁に吉野行幸をくり返す。

譲位までの一〇年間に吉野行幸は約三〇回、吉野以外の、乱に関係する地への行幸を合わせるとさらにそれ以上となる。壬申の乱の〝記憶〟を人々のなかに呼び起こし、そこに自らを位置づけるための行動である。六年（六九二）三月には、農繁期《のうはんき》に行くべきではないとする三輪高市麻呂《みわのたけちまろ》の反対を押しきって、紀伊〜東国行幸が行われた。その際には、経路の伊賀〜伊勢〜志摩の豪族・百姓男女《ひやくせいなんによ》のみならず、各種雑役《ぞうえき》に動員された近隣諸国（近江・美濃・尾張・参河《みかわ》・遠江《とおとうみ》）の騎士《うまのりびと》・丁《よほろ》への調役《えつき》免除、さらに天下の百姓の貧しい男女には稲を賜った。乱の〝記憶〟の簒奪とからめての人心掌握が、持統にとっていかに必須の課題だったかを物語る。

こうしたパフォーマンスが高市の処遇とからめてなされていることも、見逃せない点である。持統は即位儀の半年後、高市を太政大臣に任じて政権の片翼に据えた。これは、持統が群臣の支持を得る上で有効だっただけではない。当面は即位の可能性の乏しい高市にとっても、次世代のための布石として大事なポジションだった。高市は天智の娘御名部《みなべ》（元明の同母姉）を妻とし、二人の間にはすでに長屋王《ながやおう》も生まれていた。のち長屋王は元明の娘吉備《きび》を妻とし、さらにその尊貴性を高めていく。持統に協力して自身の朝廷内での勢威を築くことは、高市にとっても充分に意味のあることだったのである。

最初の紀伊行幸は即位儀の半年後、高市を太政大臣に任じた四年（六九〇）七月の翌月に、約二週間にわたって実施された。五年（六九一）正月の吉野行幸は、同月一三日に高市への増封二〇〇〇戸（それ以前の封戸と通計して三〇〇〇戸）を命じた二日後の一六日からである。同時に増封された川嶋の一〇〇戸（通計して五〇〇戸）、右大臣の三〇〇戸（通計五〇〇戸）と比べても、高市への優遇の度合いは際立っている。前述した六年三月の紀伊～東国行幸の前の一月にも、高市は増封二〇〇〇戸を得てその封戸は通計五〇〇〇戸となった。乱で実際に武功をあげた高市を、特別のポスト／恩賜《おんし》で懐柔し協力をとりつけることで、持統による乱の〝記憶〟の簒奪は実現していったのである。

高市が没した翌年持統一一年（六九七）一〇月以降、大宝律令施行直後の大宝元年（七〇一）六月までの四年間、吉野行幸は行なわれなかった。高市の存在が、持統にとっていかに重いものであったかがうかがえよう。

壬申功臣への褒賞にも、行幸と同様の意味があった。吉野盟約後の天武一一年（六八二）に、鸕野の功臣褒賞関与は始まった。浄御原令制定後は連年、功臣死去に伴う贈位・賻物《ふもつ》（葬儀に際しての賜物）の記事がある（五年五月・九月、六年四月・五月、七年九月、八年四月、九年四月、一〇年五月・八月・九月）。贈位の制度は天武によって創設され、八世紀初に至るまでは壬申功臣が主な対象だった（虎尾達哉「天武天皇」）。彼らが現実の政治的地位に登用されることはほとんどなく、贈位や功封《こうふう》・功田《こうでん》、賻物などの褒賞にとどまる。しかしそのつど天皇の恩寵《おんちょう》を示す詔が宣読され、乱での功績が振り返られたのである。

壬申の乱で顕著な活躍を示せなかったという持統の致命的な弱点は、天武王権発祥の地吉野への行幸、乱の功臣に対する顕彰をくり返すことで、次第に覆い隠されていく。持統による〝記憶〟の簒奪は着実に進み、壬申の乱を天武とともに先頭に立って戦い抜いたかのような自画像が創り出され、『書紀』持統称制前紀に結実するのである。

†高市の死と軽への譲位

太政大臣として持統を支えた高市は、持統一〇年（六九六）七月に四三歳で没した。それを待ち構えていたかのように、翌六九七年八月に持統は「策を禁中《きんちゅう》に定め」、「皇太子」珂瑠《かる》に譲位した。これが文武《もんむ》（持統孫で草壁遺児）である。『書紀』全三〇巻は、この唐突な譲位記事で幕をおろす。ここには「皇太子」とあるが、同年二月の東宮役人任命記事以外に、立太子の記述はない。『続日本紀』文武即位前紀に「十一年、立ちて皇太子となりたまう」とあり、後世の『釈日本紀《しゃくにほんぎ》』は同年「二月十六日」を立太子の日とする。これを信じるとしても、立太子後わずか半年での即位である。慌ただしく不自然な運びというしかない。

高市没時には、壮年の天武皇子たちが何人もいた。なかでも長《なが》および舎人《とねり》・弓削《ゆげ》兄弟の母は天智の娘で、草壁・大津亡き後の序列筆頭グループである（第五章1節図8）。彼らを差し置いて一世代下の一五歳の少年への譲位は、それまでの継承慣行からはあり得ない。これを実現するために持統は、「策を禁中に定める」という行動をとったのだろう。

推古没時を振り返ってみよう。群臣会議は蘇我蝦夷宅で行われ、「遺詔《いしょう》」の解釈をめぐって紛糾を重ねた末に田村（舒明）に決した（第三章3節）。継承候補たる御子たちは、そこには出席していない。山背大兄は斑鳩宮《いかるが》にいて、やきもきしながら会議の行方を見守り、蝦夷の意を受けた群臣が飛鳥と斑鳩の間を往復した。群臣会議とは、群臣の主導で次の王を選ぶものだったのである。

しかし、持統の時には違った。『懐風藻』によると、持統は「王公卿士《おうこうけいし》を禁中《きんちゅう》に引き、日嗣《ひつぎ》を立てることを謀《はか》った」という。群臣がそれぞれ意中の御子を推して会議は紛糾したが、葛野《かどの》王が「子孫相承」を説いて弓削《ゆげ》の異論を押さえ込み、持統が葛野王の言を良しとして「国を定めた」(葛野王伝)。弓削は天武の御子、葛野は大友の遺児で、母は天武の娘十市《とおち》である。『懐風藻』は葛野を、「淡海《おうみ》帝〔天智〕孫・浄御原帝〔天武〕嫡孫」と記す。八世紀半ばの双系的血統観を示すものとして、興味深い。『懐風藻』の撰者とされる淡海三船《おうみのみふね》は、葛野の孫である。

持統は宮中で会議を開き、継承候補を自認する御子たちも出席していたが、その場で押しきられて決着したのである。かつての群臣会議とは、主客転倒の様変わりであり、著しく王権主導にシフトしたといわねばならない。

それでも、誰を「日嗣」に立てるかを群臣に諮《はか》らねばならなかったことが注目されよう。中国における「定策禁中《ていさくきんちゅう》」は、皇帝が皇太子を定めずに死去した場合に限り、先帝皇后と外戚などにより行われた。しかし日本の場合には、天皇が健在であっても、意中の「皇太子」が定まっていようとも、群臣の推挙／承認が必要だったのである（遠藤みどり「持統譲位記事の「定策禁中」について」）。

†太上天皇の〝共治〟

旧来の世代原理・長老原理を否定して、一五歳の珂瑠の即位は実現した。しかしそれが相当の強行策だったことは、以上にみてきた通りである。貴族たちの同意をとりつけつつ、新たな継承システムのもとで国家体制の安定を実現する仕組みが必要だった。

六九七年の文武即位宣命は、「天《あめ》に坐《いま》す神」の「依《よさ》し」を受け「現御神《あきつみかみ》」として天下を統治した持統が、文武に皇位を「授け」た、と述べる。持統の君主としての正当性は神の「依し」（委任）にあり、その背景には、持統が即位儀に導入した神話的継承観のイデオロギーがあった。神の委任を受けた持統の「授け」によって、次の文武の君主としての地位は正当化された。即位宣命が始まったのは文武即位の時であり、そのなかで王権の神権的神話的根拠づけがなされたのである（神野志隆光「古代王権と日本神話」）。

持統の即位も文武の即位も、前天皇との血縁関係を掲げての正当化がなされてはいないことに、注意しておきたい。「父」「嫡子」などの文言が登場するのは、七〇七年の元明即位宣命以降である。皇位継承における父系嫡系の血統理念は、八世紀初の政治情勢の中で早熟的に掲げられるものの、行き詰まっていったん挫折する（第七章3節）。父系嫡系血統観が君臣の共有する継承理念として定着するのは、九世紀前半のことである（終章）。持統の段階での課題は、別のところにあった。

天武の権威を受け継いだ持統は、自らの統治実績による権威をそこに加えて、〝現天皇の「譲り」による次代天皇決定〟という新たなシステムを構築した。皇極による同母弟軽への初の生前譲位で一歩を踏み出した王権主導の試みは、ここに至って一つの方式として結実したのである。以後、譲位は常態化し、日本の王権の大きな特色の一つとなる。

譲位後の持統は、文武と「並《なら》び坐《いま》して」天下を治めた（元明即位宣命）。〝共治〟を行った持統の国家的地位は、大宝令に「太上天皇」として定着した。持統は初代の太上天皇である。中国とは異なり日本の太上天皇は、天皇と並んでともに国政を総覧する立場にあった（春名宏昭「太上天皇制の成立」）。日本独自のこうした権能の淵源《えんげん》は、律令法規定ではなく〝前天皇〟たることにあった（筧敏生「古代王権と律令国家機構」）。皇極の「皇祖母尊」としての行動に始まる、譲位した天皇の国政関与は、持統によって制度的保障を得たのである。

†大宝令制定と遣唐使再開

近年、浄御原令までは中国南北朝以前およびそれを継受した朝鮮諸国の制度の影響が強く、大宝元年（七〇一）の大宝律令によって唐律令の体系的摂取がはかられたとして、その画期性が注目されている（鐘江宏之「「日本の七世紀史」再考」他）。持統は、治世の前半では天武を継いで浄御原令を完成させ（六八一年編纂開始、六八九年施行）、その後、文武との〝共治〟のもと、新たな国家方針に沿って大宝律令の制定に取り組んだことになる。

大宝律令の直接の手本とされたのは、唐の永徽《えいき》律令（六五一年施行）である。天武治世の間の遣唐使派遣はないが、天武一三年（六八四）一二月に帰国した「大唐の学生《もろこしのがくしょう》」土師《はじの》甥《おい》・白猪骨《しらいのほね》は、のちに大宝律令の選定事業に参画する（文武四年〔七〇〇〕六月甲午条）。永徽律令はこの時に持ち帰られたのだろうか。だとしても、彼らのもたらした知見を活かして、唐の法体系を理解／摂取し、新たな法典編纂へと舵を切るには、十数年の考究と大きな政治決断が必要だったのである。

律令が諸国に頒《わか》ち下された同二年一〇月～一一月、持統は太上天皇として東国行幸に向かった。参河《みかわ》・尾張・美濃・伊勢・伊賀など、壬申の乱にまつわる諸国をめぐり、免租調・賜封・賜禄などを行なった（『続日本紀』大宝二年十月～十二月条。『万葉集』五七番題詞等）。京にとどまる年少の文武に代わって、天皇の名によって施行された律令の意義を宣布し、文武の君主としての権威確立をサポートする意味があったのだろう。

そこまでのことをやり終えた持統は、帰京後まもなくの一二月に没した。五八歳だった

（『紹運録』）。天皇としては初めての火葬ののち、大宝三年（七〇三）一二月、先帝天武の眠る大内陵に合葬された。律令国家をともに造り上げた君主として、持統は〝両君同葬〟されることを選んだのである。

天武の治世中は途絶えていた遣唐使が再開されたのも、大宝律令の選定／施行と同時期である。大宝元年一月に三〇年ぶりの遣唐使任命があり、翌二年五月に粟田真人《あわたのまひと》以下の一行は筑紫より船出した。ここでも、持統は大きな外交政策の転換を主導し、それをみとどけて亡くなったことになる。

†不比等の登場と役割

大宝律令制定／遣唐使再開へ向けての国家方針の転換には、貴族層の合意が必要である。高市なきあと持統の片腕となったのは藤原不比等《ふひと》だった。不比等は、持統三年（六八九）二月に直広肆《じきこうし》（のちの従五位下相当）判事として初めて『書紀』に名がみえるが、この時点ではまだ少壮《しょうそう》官僚の一人に過ぎない。しかし高市の死から三カ月後の持統一〇年（六九六）一〇月には、右大臣・大納言に次ぐ特別待遇を受ける地位に躍進する。東宮役人が任命されて珂瑠〝立太子〟～文武即位への動きが具体化するのは、この四カ月後のことである。即位実現後の文武四年（七〇〇）六月に、不比等は大宝律令選定の功で賜禄にあずかり、翌大宝元年（七〇一）三月には正三位大納言となる。

文武は亡くなる数ヵ月前の慶雲《きょううん》四年（七〇七）四月、不比等に特に詔して、父鎌足《かまたり》以来の功績を讃えて食封《じきふ》五〇〇〇戸を賜った。生前の高市が得ていた封戸数と同額である。文武即位を画期として、以後、不比等が急速に特別な地位を築きあげたことがみてとれよう。持統が没したあとの文武治世後半は、母の阿閇《あへ》が「皇太妃」の地位にあって文武を後見した（第六章2節）。不比等は、持統・阿閇（のちの元明）とともに、文武を擁立し支える特別の役割を担い、それが朝廷での躍進につながったのだろう。

一五歳で即位した文武は、直後に不比等の娘宮子と紀氏・石川氏の娘をキサキとした。『続日本紀』文武元年八月癸未《みずのとみ》条は宮子を「夫人《ぶにん》」、他の二人を「嬪《ひん》」とするが、大宝令制定以前の当時、「妃―夫人―嬪」のキサキ序列はまだ成立していない。宮子を「夫人」とするのは『続日本紀』による追記であり、実際には三人は旧制の「キサキ」として、この時点では同列だった（遠藤、前掲「令制キサキ制度の基礎的研究」）。文武即位の時点では、不比等の特別の地位はまだ確立していなかったのである。

不比等の政界における躍進の始まりは、阿閇の信頼厚い女官県犬養三千代《あがたいぬかいのみちよ》（のち元明より橘姓を賜る）と不比等の婚姻開始時期に重なる。律令制官人システムが整い、中央集権的官司機構の容れ物としての藤原宮には巨大な大極殿と朝堂院が築かれた。国制としては大きな達成だが、反面、従来の大王宮とは比較にならないほどに、君臣の距離は大きく隔てられた。建設途上にある律令国家を円滑に運営し、王権主導の新たな皇位継承システムを定着させていくためにも、信頼できる近臣との人格的絆が必要だった。晩年の持統、および文武母の阿閇にとって、その役割を担ったのが不比等であり、近侍の女官三千代がその媒介となったのである（義江明子『県犬養橘三千代』）。

付　古代東アジアの女性統治者

†新羅の善徳王・真徳王

日本古代の女帝についての議論でよく引き合いに出されるのが、新羅善徳《ぜんとく》王（徳曼《とくまん》）について唐の太宗《たいそう》がいったとされる〝女主忌避〟言説である。

『三国史記《さんごくしき》』新羅本紀によると、善徳王一二年（六四三）、高句麗・百済との戦いに救援を求める新羅の使者に対して、太宗は三策を示し、その一つが次のようなものだったという。

爾《なんじ》が国、婦人を以《もっ》て王と為《な》し、隣国に軽侮《けいぶ》せらる……我《われ》、一宗枝《そうし》を遣《つか》わし、与えて爾《なんじ》が国主《こくしゅ》となさん。
訳：そなたの国は女を王としているので、隣国に侮《あなど》られるのだ。……我が一族の男子を遣わして王としよう（そうすれば侮られることはない）。

これによるならば、善徳治世当時において、〝女王では駄目だ〟という唐の評価が明確に示されたことになる。この記事を根拠にして倭国に関しても、例えば推古について、大王が女であることを中国側に知られないように、六〇〇年の遣隋使は「アメタリシヒコ」という男王名で派遣された、あるいは六〇八年に裴世清《はいせいせい》が倭に来た際にも、厩戸か蘇我馬子が「王」を装って接見し、推古は姿を隠していたのだ、といった議論がしばしばなされてきた。また皇極についても、六四五年の乙巳《いっし》の変で蘇我本宗家を滅ぼし王権主導での権力集中を実現するに際して、唐に馬鹿にされないよう女の皇極を強制退位させた、といった議論もよくみられる。

しかし、これらは誤りである。「アメタリシヒコ」は男女共通の王号であること、王が外国の使者に姿をみせないのは七世紀末まで続く倭国の伝統的外交慣行だったこと、乙巳の変の前後を通じて皇極（「皇祖母尊」→斉明）の政治的主導性は顕著で強制退位説は成りたちがたいことは、第三・四章で述べた通りである。

こうした議論があとを絶たないのは、『三国史記』の記述について充分な史料批判がなされてこなかったところに一因があろう（義江明子「新羅善徳王をめぐる〝女主忌避〟言説」）。『三国史記』は朝鮮最古の歴史書で、いわば日本の『日本書紀』に相当する。しかしその成立は一二世紀半ばで、記述対象の年代とは大きく隔たる。七世紀半ばの新羅については、中国の歴史書『旧唐書《くとうじょ》』（九四五年成立）をまず参照せねばならない。

『旧唐書』新羅伝は善徳王について、「（貞観《じょうがん》五年、六三一）真平《しんぺい》死し、子無し。女善徳を立てて王となす。……（同九年）使者を使わし、善徳を冊して父の封を襲《つ》ぐ。国人、聖祖皇姑《せいそこうこ》と号す」（真平王が亡くなり、男子がいなかったので女子の善徳を王とした。……善徳を〈柱国・楽浪郡公・新羅王に〉冊封して、父のあとを継がせた。新羅の国人〈貴族〉は、善徳を「聖祖皇姑」と号した）と書いている。そのあとに「（同十七年、六四三）使者来りて師を乞う」という新羅からの救援要請記事があるが、「爾《なんじ》が国、婦人を以《もっ》て……」という太宗《たいそう》の〝女主忌避〟言説はみられない。それどころか唐の高句麗征討に呼応して、「善徳」は「兵五万」をもって高句麗南部に侵入させ、戦果を皇帝に報告したという。

六四七年に善徳が死ぬと、「妹真徳《しんとく》」が王を襲《つ》いだ。高句麗・百済との激しい戦闘の続く中、新羅による再度の〝女主〟擁立を、唐は許容したのである。永徽《えいき》元年（六五〇）、真徳は錦で織りだした太平頌《たいへいしょう》（平定を寿ぐ歌）を高宗《こうそう》に献上し、大唐の偉業を讃えた。三国統一をめざす新羅の王として、唐の支援を確保するための重要な外交策である。

真徳については、太宗の昭陵《しょうりょう》から出土した十四国蕃君長《ばんくんちょう》の石像が注目される。「新羅□／郡」「徳」と刻まれた破片が見つかり、真徳王像の台座刻文「新羅楽浪／郡王金真／徳」の一部と考えられる。さらに、女性の衣服の下半身部分も発見された（盧泰敦『古代朝鮮三国統一戦争史』）。唐が、〝女主〟を女性の姿のまま新羅王と認めたことを示す、貴重な同時代資料である。

新羅王善徳が即位した六三一年は、倭国で推古が没した三年後にあたる。善徳から真徳へと新羅で〝女主〟が続いた頃、倭国では、皇極が乙巳の変の前後を通じて政治的主導性を発揮し、同母弟軽への譲位で王権強化をはかり、その後の「皇祖母尊」としての活動、そして重祚（斉明）へといたる。

『三国史記』でも、「冊命《さくめい》して王を柱国楽浪郡公新羅王《ちゅうこくらくろうぐんこうしらぎおう》とし、以《もっ》て父の封《ふう》を襲《つ》ぐ」と、善徳の冊命・襲封の事実を記すことは、『旧唐書』と同様である。では、救援要請記事に〝女主忌避〟言説が加わるのは、いつ、どのようにしてだろうか。

ここで手がかりとなるのは、『三国史記』が善徳王段の末尾に、作者金富軾《きむふしょく》の言として、漢の呂后《りょこう》や唐の則天武后《そくてんぶこう》の例を引いて、「則《すなわ》ち男は尊《とおと》くして女は卑《いや》し。豈《あに》、姥嫗《おうな》の閨房《けいぼう》を出《い》で、国家の政治を談ずるを許すべけんや」（男は尊く女は卑しい。老婆が国政を裁断することを許してよいものか）という、「牝鶏《ひんけい》の晨《しん》」（めんどりが時を告げること。女が勢力を振るうのは災いのもとという喩え）を戒《いまし》める論賛を付すことである。ここには、『三国史記』が書かれた一二世紀半ばにおける、高麗《こうらい》支配層知識人の女性統治者否定観が端的に示されているといえよう。金富軾は、高麗の門閥貴族で上級官僚、儒学者である。

だがこれを善徳治世当時の、東アジア一般に存在した観念とみてよいかは、検討を要する。

†則天皇帝の統治と評価

則天武《そくてんぶ》后《こう》／武《ぶ》則天《そくてん》の名で知られる武照《ぶしょう》は、六五五年に唐朝三代皇帝高宗の皇后となり、病弱な高宗に並んで「二聖《にせい》」政治を行った。高宗の死後には自らの息子中宗・睿宗《えいそう》を退位させ、六九〇年に皇帝位に就く。中国史上、唯一の女性皇帝である。権力掌握を進める過程で、「聖母《せいぼ》神皇《しんこう》」から「聖神《せいしん》皇帝」〜「天冊金輪《てんさくこんりん》皇帝」と何度も尊号をあらためたが、七〇五年の退位直後の尊号は「則天大聖《だいせい》皇帝」である（『旧唐書』神龍《しんりゅう》元年一月庚戌《こうじゅつ》条）。一般には、「則天皇帝」と称される。

武照が皇帝位に就いたことにより唐王朝はいったん途絶し、周王朝へ革《あらた》まる（武周《ぶしゅう》革命）。武照が即位した六九〇年は、倭国で持統が即位儀をあげた年である。持統の最晩年、約三〇年ぶりに派遣された遣唐使は、「唐」土に至って初めて、「皇太后」（武照）が即位して「聖神皇帝」となり、国号が「大周《だいしゅう》」となったことを知らされたという（慶雲元年〔七〇四〕七月甲辰《きのえたつ》条）。

中国史上唯一の女性皇帝出現の背景として、唐朝前期は北方遊牧世界の影響が強く、女性の活動が活発だったことが考えられる。隋も唐も、北魏《ほくぎ》の流れをくむ遊牧系の国家である。新王朝の形成期にあって国家体制が未成熟で、官僚機構からはずれた人材が政治を担い得たことも大きい（氣賀澤保規『則天武后』）。六六〇年の百済滅亡から六六八年の高句麗平定に至る東アジアの激動期に、武后はすでに「二聖」政治の前面にいた。軍事指揮を担う人材の登用に、すぐれた政治力を発揮したのである。倭国では、斉明重祚から天智称制の時期にあたる。斉明は、六六二年、百済救援軍を率いて全宮廷をあげて筑紫に向かい、そこで亡くなった。

唐の版図は高宗朝に最大に達するが、それは武后の実権掌握期と重なる（金子修一「則天武后治世下の国際関係に関する覚書」）。皇后として実権を握った時期も合わせると、武照が最高権力を掌握した期間は半世紀におよぶ。その時期には、上官婉児《じょうかんえんじ》をはじめ内廷に仕える宮人《くにん》たちが、文書行政を含めて〝官僚〟としての位置づけを得て活動したとされる（鄭雅如「唐代前期の女性の政治参与と身分の官僚化」）。

とはいっても、社会の基層にまで深く父系理念の貫徹している中国において、武照は自らの創始した「周」王朝を継続させることはできなかった。武照の子らはいずれも父姓の李氏であり、父高宗を継ぐ存在だったからである。次代皇帝には息子の中宗（李顕《りけん》）が復位し、七〇五年、李氏の唐王朝に戻る。武照も、没後は（皇帝ではなく）高宗の皇后として、唐朝の宗廟祭祀《そうびょうさいし》の中に位置づけられた。その後も、中宗の妻＝韋后《いこう》や娘＝安楽公主《あんらくこうしゅ》、睿宗《えいそう》の妹＝太平公主《たいへいこうしゅ》（武照の娘）による権力掌握の試みはあったが、李隆基《りりゅうき》（のちの玄宗《げんそう》）によって阻まれた。

　唐朝の復権を主導し、女性権力者の再現を阻止した玄宗《げんそう》は、七一二年に即位すると、則天皇帝の時代の政策や施設を次々に破棄／破壊していく。皇帝としての武照を否定する動きは、息子中宗・睿宗の代にはあまりみられず、玄宗朝で顕著になるのである（金子修一「則天武后」）。内廷女性（宮人）が〝官僚〟的立場で活動することも、以後は跡を絶つ。

　二〇一三年に上官婉児《えんじ》の墓誌が、中国の咸陽《かんよう》市で見つかった。婉児は韋后・安楽公主とともに殺されたのである。則天皇帝から韋后・安楽公主・太平公主へとつづく女性権力者台頭期の様相を考察する上で、貴重な手がかりとなる資料である（氣賀澤保規「隋唐史研究の新たな課題」）。

†女主忌避言説の増幅

新羅王善徳をめぐる言説の展開に話を戻そう。善徳について、〝女主忌避〟言説が中国史書に明確に登場するのは、『冊府《さつふ》元亀《げんき》』（一一世紀初）においてである。ここにみられる「爾が国、婦人を以て主と為し、隣国に軽侮せらる……我、一宗枝を遣わし、以て爾が国主となさん」（巻九九一、外臣部）という文言は、先にみた『三国史記』（一二世紀半ば）の記述と全く同じである。『新唐書《しんとうじょ》』（一〇六〇年）には、高麗伝の新羅関係記事に同文がみえる。『三国史記』の〝女主忌避〟言説は、これら中国史書の引き写しとみて誤りあるまい。

もっとも、太宗が李王室の男子を遣わして新羅王としようとしたというのは、のち百済・高句麗滅亡後に顕わになる唐の朝鮮半島属領化への意欲をみれば、充分にありえた提案／恫喝《どうかつ》といえよう。唐の外圧への対処をめぐって新羅の国人《こくじん》層は分裂し、善徳王に対抗する毗曇《ぴだむ》の乱が起きる（武田幸男「新羅〝毗曇の乱〟の一視角」）。毗曇は、「女主《にょしゅ》、善《よ》く理《おさ》むこと能《あた》わず」（女王では統治できない）として挙兵したという（『三国史記』巻五新羅本紀善徳王および巻四一金庾《きむゆ》信《しん》伝上）。善徳はこの乱の最中に没した。しかし、乱に勝利した新羅の支配層は、ふたたび〝女主〟真徳を擁立し、唐は善徳に続いて真徳をも新羅王に冊封した。新羅では九世紀後半にも、三人目の女王真聖王が在位した。

『冊府元亀』に至って明確に登場する〝女主忌避〟言説は、玄宗朝以降の、則天皇帝の治世を否定する女性統治者観の広がりの中で形成されたものなのではないか。それが、新羅を滅ぼした高麗において、新羅の国制の失点を示す話として採用され、増幅して広がっていったのである。

『三国史記』より一世紀余りのちに成立した『三国遺事《いじ》』（一三世紀末、僧一然《いちねん》の手になる説話伝承）には、「今、汝国《なんじのくに》、女をもって王と為す。徳有るも威無し。故に隣国に謀《はか》らる」（巻三皇龍寺九層塔）という文言が、太宗の言ではなく、神人《しんじん》が在唐の新羅僧慈蔵《じぞう》に語った言葉として記されている。九層塔建立についての確かな史料は、八九二年に塔が改築された際に心礎《しんそ》から出土した金銅製舎利《こんどうせいしゃり》函銘《かんめい》「皇龍寺刹柱本記《こうりゅうじせっちゅうほんき》」である。そこには、「九層塔は善徳大王の代に建る所なり……（慈蔵に円香禅師《えんこうぜんし》曰く）海道諸国、渾《すべ》て汝が国に降《くだ》らん」とあるだけで、『三国遺事』が記すような神人は登場せず、〝女主忌避〟言説もみえない。

七〜八世紀初の史実としては、倭で推古・皇極（斉明）・持統、新羅で善徳・真徳、唐で則天皇帝と、東アジア諸国では女性統治者が輩出し、のちに途絶えた。その背景には、それを可能とし制約したそれぞれの国／地域の親族構造、王権システムがあろう。国際関係の激動に対処するなかで、彼女たちは統治者としての役割を果たしたのである。

Ⅲ　父系社会への傾斜

大仏開眼の筆に結ばれ、聖武・光明・孝謙を筆頭に参加者が握った縷（正倉院宝物）

第六章　元明・元正――天皇と太上天皇の〝共治〟

1　「太上天皇」「女帝の子」「皇太妃」

†譲位と即位宣命

持統は、完成した高天原《たかまがはら》神話を背景に即位儀を刷新し、群臣推戴の伝統を塗り替え、「天《あま》つ神の子」として即位した。そして、浄御原令施行、藤原京遷都などの統治実績を重ね、そうした自らの権威を背景に、一五歳の孫文武への譲位を実行した。さらに譲位後も文武を後見し、共治したのである。これらのことは、国家体制形成期にあたり、新たなシステムを構築し王権に権力を集中する方策としてなされた。従来いわれてきたような、祖母が息子の遺児に皇位を伝えるため「中つぎ」として即位したという説明では、王権史上の意義は全くみえないものとなってしまう。

持統による譲位は、文武の即位宣命には次のようにある（文武元年〔六九七〕八月庚辰《かのえたつ》条）。

> 高天原《たかまがはら》に事始《ことはじ》めて、遠天皇祖《とおつすめろき》の御世《みよ》、中《なか》・今《いま》に至るまでに、天皇《すめら》が御子《みこ》の阿礼《あれ》坐《ま》さむいや継々《つぎつぎ》に、大八嶋国《おおやしまぐに》知らさん次《つぎて》と、天《あま》つ神《かみ》の御子《みこ》ながらも、天《あめ》に坐《ま》す神《かみ》の依《よさ》し奉《まつ》りし随《まにま》に、この天津日嗣高御座《あまつひつぎたかみくら》の業《わざ》と、現御神《あきつみかみ》と大八嶋国《おおやしまぐに》知らしめす倭根子天皇命《やまとねこすめらみこと》（持統）の、授《さず》け賜《たま》い負《おお》せ賜う貴《とうと》き高き広き厚き大命《おおみこと》を受け賜り恐《かしこ》み坐《ま》して、この食国《おすくに》天下《あめのした》を調《ととの》え賜い平《たい》らげ賜い、天下の公民《おおみたから》を恵《うつくし》び賜い撫《な》で賜わんとなも、神《かん》ながら思《おもほ》しめさくと詔《の》りたまう天皇《すめら》（文武）が大命を、諸《もろもろ》聞きたまえと詔《の》る。

長々しく語りきかせる宣命だが、そのポイントは、神の「依し」（委任）を受けて統治した「現御神《あきつみかみ》」＝持統が文武に皇位を「授け」た、ということにある。譲位後の持統は、文武を後見し〝共治〟した。そのことは、文武の次の元明の即位宣命において、〝藤原宮で天下を治めた〟持統が、文武に「授け賜いて、並び坐して、此《いま》の天下を治め賜い諧《ととの》え賜いき」と、振り返り位置づけられた。「並び坐して」、すなわち二人は同等の立場でともに天下を治めたのである。

即位宣命とは、即位の正当性を口頭で、すなわち天皇のコトバで直接、群臣に伝えるものである。これが持統譲位時に始められたのは、先例のない若さの文武に譲位するには群臣を納得させる必要があったからである（熊谷公男「即位宣命の論理と「不改常典」法」）。その後も奈良時代の天皇は、それぞれに個別の譲位〜即位事情を宣命として臣下に語りきかせ、即位の正当性の証とした。史上最初の譲位をしたのは七世紀半ばの皇極だが、それがただちに恒例となったわけではない。壬申の乱による武力決着などの紆余曲折を経て、持統の晩年に至り、即位宣命を伴う継承システムとして定着したのである。

譲位とは、先帝が次を指名して皇位を「譲る」ことである。七世紀半ば以降の王位継承の変遷を振り返ると、群臣推戴との対抗／緊張のもと、緊迫する国際情勢の中で王権への権力集中による支配層の結集がはかられてきた。譲位では、譲る側の先帝の実力と権威が、群臣の承認を得る上で必要不可欠である。また、譲位後の先帝と現帝との関係も、「皇祖母尊」皇極と弟孝徳の対立にみるように、破綻する危険をはらんでいる。

持統の場合には、統治実績の裏づけによって譲位を実現し、文武との親密な教導関係（祖母―孫）によって〝共治〟を安定的に維持した。これを個別事例にとどめず王権構成システムにまで高めるには、先帝の地位の法制化が必須となろう。この課題は、持統の晩年に完成した大宝令の「太上天皇」規定として果たされ、持統は初代の太上天皇となった。

以後は、時々の状況により断続するが、譲位を受けての即位が通例となっていく。

†「太上天皇」の身位と権能

太上天皇に関わる令の規定は、儀礼関係を定めた儀制令と、公文書の書式を定めた公式令にみられる。

儀制令天子条《ぎせいりょうてんし》では、天皇を表す各種の尊称の使い分けを規定した中に、「太上天皇とは、譲位した帝《みかど》の称《しょう》なり」とあり、皇后条では、皇后皇太子以下が天皇・太上天皇に上表する際の自称を定める。つまり、「太上天皇」とは譲位した天皇に対する尊称であり、皇后以下から天皇とともに上表を受ける側、すなわち君臣の「君《く》」側に位置する存在だった。公式令平出条《しきりょうへいしゅつ》では、「天子・天皇・皇帝・陛下・至尊《しそん》」（いずれも天皇を指す）とともに「太上天皇」の語も、特別の敬意を示す平出《へいしゅつ》（改行し行頭に文字を記載する書式）で記すことを規定する。

これらは現存する養老令《ようろうりょう》（七六七年施行）にみえる規定だが、奈良時代前半の資料および太上天皇の実態からみて、大宝令でも同様だったとみてよい（春名宏昭「太上天皇制の成立」）。これらの条文からは、国制上の太上天皇の身位は〝天皇の一種〟と位置づけられていることがわかる。他方で、モデルとなった唐令の条文には、「太上皇」「太上皇帝」の語句はみられない。唐においては、「太上皇」は国政に関与せず、例外的に「太上皇帝」が皇帝に代わり国政を掌握する場合があったに過ぎない。それらとは異なり、日本の太上天皇は天皇と並び、同等の立場で国政に関わる権能を行使した。それ故に、日本令制定にあたって、太上天皇の身位規定を特に加える必要があったのである。

ただし太上天皇の権能は、令に具体的に規定される性格のものではない。そもそも天皇は律令の制定主体であり、律令国家機構を総覧する「君主」である。国政に関わる太上天皇の権能は、天皇と同等の身位にあるものとして、天皇と一体で行使された。日本令のそもそもの制度設計では、前君主は無前提に国家機構に関与しうる存在として想定されていたのである。この観点からすると、太上天皇の国政権能の有無を個々の律令規定の解釈から論じたり、両者の具体的機能分担を考えることは、あまり意味がない。

本書でこのあとみていくように、奈良時代の太上天皇は、天皇と同一宮内に居住し、手足となって動く独自の国政機構／組織を持たず、供御《くご》その他の生活基盤も天皇と共通だった。太政官以下の官司は、一体として存在する天皇・太上天皇に対して、ともに奉仕するべきものとされていたのである。九世紀初頭に平城上皇が平安宮外を居所と定めた時、太政官が「分局」して官人が交替勤務するという変則事態が生まれたのは、そもそも一体を前提とする制度設計しかなされていなかったからである。

譲位の初例である皇極は、譲位後の白雉四年（六五三）に弟孝徳と不和になり、息子中大兄らとともに難波宮から飛鳥に還った。その時に百官人《ひやつかんじん》は、皇極・中大兄らに随《したが》った（「皆随《したが》いて遷《うつ》る」）。これは、奉仕対象である複数の「君」の一体性が失われた時、律令国家機構成立以前の当時においては、官人（豪族）は「分局」ではなく一方を選ぶしかなかったことを示していよう。そしてこの場合、譲位した「皇祖母尊」の側が、豪族たちとの人格的絆において孝徳より勝っていたのである（第四章1節）。

このような矛盾を内包しながらも、先帝による継承者選定と譲位後の国政関与は、大宝令で一定の制度的保障を得た。複数の「君主」からなる強力な王権構成が、七世紀末～八世紀初の律令国家体制構築にあたっては必要だったのである。令制上の太上天皇の身位は天皇と同等だが、現実の力関係では、譲位した先帝の側がいわばキングメーカーとして上位にあった。その上で、両者の国政上の関係の調整は、制度外の親密な教導関係に委ねられていたのである。その教導関係に揺らぎが生じれば、一体化は失われ、対立から破綻に至る。最終的には、平城上皇の乱（八一〇年）終息ののち、嵯峨《さが》太上天皇による新た制度設計がなされるまで、解決は持ち越された（終章）。

†大宝令の「女帝の子」規定

もう一つ、唐令との違いが際立つ条文は、皇族の身分・範囲を定めた継嗣令皇兄弟条《けいしりようこうけいていじよう》である。そこには「凡《およ》そ皇《こう》の兄弟・皇子は、皆、親王《しんのう》と為《せ》よ。〈女帝の子も亦《また》同じ。〉以外は並びに諸王《しよおう》と為《せ》よ。……」とある。天皇の兄弟と皇子は「親王」、それ以外は「王」とする皇族の身分・称号規定に、「女帝の子もまた同じ（く親王とする）」との本註が加えられたのである。大宝令の注釈書である古記《こき》によって、この規定は大宝令から養老令に引き継がれたことがわかる。唐令にはみられない、日本令に独自の規定である。

同条の本文は、唐封爵令《とうふうしやくれい》の「皇の兄弟・皇子は、皆、国に封《ふう》じ、親王という。……親王の子、恩沢《おんたく》を承《う》けらば、亦《また》、郡王《ぐんおう》に封《ふう》ぜよ」という、封爵《ふうしやく》の継承規定を直接の手本として作られた。日本令よりははるかに複雑詳細な唐令の規定を簡略にまとめると、皇帝の兄弟と（男）子は「親王」、それ以外は（種々の条件を満たせば）「郡王」に封じるという内容である。「女帝の子もまた同じ」ということは、女帝の子も「親王」として皇位継承資格を持つことを意味する。すなわち、日本令の本註は、女系天皇の即位を容認する規定なのである。本文に加えられた本註なので、一見すると、女帝の子の継承は例外付加規定のようにみえるが、それは、手本とした唐令の条文が中国の父系出自／男系継承を前提として成り立っているからである。全く異なる双系的原理を土台とする日本の皇位継承はそれではカバーできないため、父系原理に反する本註を敢えて書き加えねばならなかったのである（成清弘和『日本古代の家族と親族』）。

中国とは全く異なる原理で同条が成り立っていることは、「親王」「諸王」の語の内容からも知られる。唐令の「親王」「郡王」は、男子限定の称号である。皇帝の姉妹は「長公《ちょうこう》主《しゅ》」、女子は「公主《こうしゅ》」、王の女子は「県主《けんしゅ》」というように、中国では男女の皇族が全く異なる称号体系を持つ。ところが日本令における「親王」は、原則として天皇の男女子の総称である。封戸《ふこ》・品位《ほんい》など男女で異なる扱いをする場合に限り、女子を「内親王」と称する。「王」と「女王」の区別も同様である。唐令を引き写した本条の「兄弟」の語も、姉妹を含む。のちに天武の孫大炊《おおい》王が即位（淳仁）した後、その兄弟姉妹が「親王」とされた（天平宝字《ほうじ》三年（七五九）六月庚戌《かのえいぬ》条）ところからも、そのことは明らかである。『古事記』の天皇系譜でみたように、本来、男女の御子は区別なく「＊＊王」だった（第二章3節）。七世紀末に「皇子《みこ》」「皇女《ひめみこ》」という男女別の称号が成立して後も、倭語ではともに「みこ」であり続け、女子も木簡等では「皇子」と書かれた（第五章1節）。本条の「皇子」「子」も、男女の総称である。

父母の血統を受ける点で男女子が原理的に均等の立場にあることは、双系的親族結合にもとづく倭社会の強固な社会通念であり、実態だった。そのため、官人《かんじん》・庶人《しょじん》の制度的把握／登録については父系原理を公的に定める方向に大きく舵をきった八世紀初の律令国家においても、王権中枢の現実の担い手については、双系原理を取り入れた構成を規定せざるをえなかったのである。

大宝令に「女帝の子もまた同じ」と規定された時の天皇は文武、太上天皇は持統である。（男帝を父としない）「女帝の子」の処遇が現実の問題となるのは、文武の次の元明の時だろう。元明は娘の氷高《ひだか》（元正《げんしょう》）に譲位し、もう一人の娘で長屋王の妻となった吉備《きび》の子は、父系では三世王（天武の曾孫）であるにもかかわらず、母系によって数えて二世王（元明の孫）の扱いとされた。また、七二〇年成立の『日本書紀』は、皇極＝斉明が舒明との婚姻以前に高向王《たかむく》（用明の孫）との間に設けた漢王《あや》を、父によってではなく母斉明の子として位置づけ、「漢皇子《あやのみこ》」と記す（斉明即位前紀）。大宝令の「女帝の子」規定を遡らせて、史書の記述に適用したのである。

大嘗祭《だいじょうさい》などに奉仕する「戸座《へざ》」について、阿波国《あわ》からは「男帝の時に供奉《ぐぶ》」、備前国《びぜん》からは「女帝の時に供奉」（『類聚三代格』巻一、天平三年〔七三一〕六月廿四日勅）と規定されるように、男帝と女帝の存在は奈良時代においてはごく当然のことだった。

†「皇太妃」阿閇と草壁称揚

公式令《くしき》は、太皇太后《たいこうたいごう》・皇太后・皇后についても平出《へいしゅつ》の対象とする。そこに、太皇太后には〈太皇太妃《たいこうたいひ》・太皇太夫人《たいこうたいぶにん》も同じ〉、皇太后には〈皇太妃・皇太夫人も同じ〉との本註がある。すでに何度か述べてきたように、六〜七世紀にはキサキ相互の序列は不明瞭だった。「皇后」の地位称号は浄御原令で定まり、それ以外のキサキの序列が「妃《ひ》—夫人《ぶにん》—嬪《ひん》」と定まるのは大宝令においてである。

中国では、皇后の地位は皇帝の正妻として確立しており、次の皇帝（実子とは限らない）の即位にともなって順に身位を皇太后→太皇太后へと転昇していく。皇后以外のキサキについての転昇規定はない。しかし日本では家族秩序にもとづく正妻の地位は社会的に未成立で、出身階層が同等な複数の妻の間に上下の序列は乏しかった。天皇とキサキたちの関係も同様だったので、法制上の皇后／キサキの区別よりも、次の天皇の「母」であることが重視された。そのため妃・夫人であっても、実子・孫の即位にともなって、妃ならば皇太妃→太皇太妃、夫人ならば皇太夫人→太皇太夫人へと転じていくのである。皇后以外の妃・夫人について転昇規定を設けたことは、中国とは異なる日本令の特色である（春名宏昭「皇太妃阿閇皇女について」）。

大宝令下で現実に存在した皇太妃は、天智の娘で草壁妃、文武母の阿閇《あへ》（即位して元明）だった。大宝元年（七〇一）、完成したばかりの新令によって、皇大妃・内親王・女王・嬪にも封戸《ふこ》が与えられた（同年七月壬辰《みずのえたつ》条）。ここにみえる「皇大妃」が阿閇である。藤原宮・京出土の関連木簡として、「皇太妃宮職《こうたいひぐうしき》」「皇太妃宮舎人《とねり》」など計七点が知られる。木簡に記された年紀は大宝二年（七〇二）と慶雲《きょううん》元年（七〇四）で、持統太上天皇が没したあと、文武治世の後半に阿閇は「皇太妃」の地位にあったことが確認できる。

「皇太妃宮職」は、職員令中宮職《しきいんりょうちゅうぐうしき》条に定める皇后のための「中宮職」（皇后宮職《こうごうぐうしき》）に準じて設けられた、皇太妃のための公的家政機関だろう。「皇太妃宮職」木簡が出土した藤原京左京七条一坪からは、「御名部《みなべ》内親王宮」木簡も出土している。御名部は阿閇の同母姉で、長屋王の母である（第四章1節図5）。だが阿閇は姉とは異なり、「内親王宮」ではなく「皇太妃宮」を営み、「皇太妃宮職」の機構を掌握した。たんなる内親王の一人ではなく、文武の母として「皇太妃」の身位を得て、それによって国政上の立場を獲得したのである（義江明子「元明天皇と奈良初期の皇位継承」）。

しかし実は、阿閇「皇太妃」は重大な点で令規定とそぐわない。「皇太妃」は、天皇の「妃」であった女性が実子の即位にともなって得る身位だが、阿閇の夫草壁は天皇にはなっていないからである。通説では、草壁は「皇太子」だったので、天皇に準じて草壁妃の阿閇は「皇太妃」の称号と待遇を得たとみる。しかし、授位の対象だったことなどからみても草壁「皇太子」が史実と認めがたいことは、すでに述べた通りである（第五章1節）。事実は逆であって、大宝初年に制定されたばかりの令にもとづいて阿閇を「皇太妃」とし、それによって、故草壁が「皇太子」であり天皇に準じる存在であったとする〝史実〟が後追い的に作り出されていったとみるべきではないか。

草壁を「皇太子」と明記するのは、『続日本紀』では元明即位宣命の「日《ひ》並所知《なみししらす》皇太子」が初見である。その少し前に草壁は国忌《こき》（国家的周忌供養）の対象となるが、そこでは「皇太子」とはいわれていない。「岡宮御宇《おかみやにあめのしたしらす》天皇」号を追贈されるまでの草壁称揚の過程を、時系列で整理すると次のようになる。


大宝元年（七〇一）　大宝令により阿閇を「皇太妃」とし、「皇太妃宮職」設置。

慶雲四年（七〇七）　文武死去の二カ月前に、「日並所知皇子命」を国忌に加える。

　元明即位宣命で草壁を「日並所知皇太子」と諸臣に明言。

養老四年（七二〇）　『日本書紀』完成。天武一〇年条に草壁を「皇太子」と明記。

天平宝字二年（七五八）「岡宮御宇天皇」追贈。孝謙（草壁の曾孫）は以後、「岡宮御宇天皇日嗣」であることを強調。

持統から文武への譲位も含めて、孝謙《こうけん》に至るまでの皇位継承を一貫して〃草壁直系継承〃の実現として描くこれまでの通説は、草壁称揚の始まりと段階的進展という史実に照らしたとき、あまりにも乱暴な議論と思えてならない。

2 元明による文武・元正の後見

†皇太妃の後見

一五歳で即位した文武は、一〇年の治世ののち、慶雲《きょううん》四年（七〇七）年六月に二五歳で没した。治世の前半は、祖母である持統太上天皇が「並び坐《いま》して」共治した。持統が大宝二年（七〇二）一二月に没した時点で、文武は二〇歳である。現代の基準からすれば成人だが、当時の通念からするとまだ統治者として独り立ちできる年齢ではなかった。治世後半を補佐したのは、母の阿閇「皇太妃」だろう（西野悠紀子「中宮論」）。持統の死の翌月には、天武皇子中の長老である刑部《おさかべ》（第五章1節図8の忍壁）が、新たに知《ち》太政官事《だいじょうかんじ》の職掌を担うことになる。しかし持統の欠を補うには、それだけでは不充分である。阿閇の役割は、太政官側からの体制的補弼《ほひつ》とは異質の、天皇に密着し並ぶ立場での教導だったのではないか。

文武の死から九日後の六月二四日、阿閇は「遺詔《いしょう》により万機《ばんき》を摂《と》る」との「詔」を発し、翌七月に四七歳で即位した（元明）。令の規定によれば、天皇・太上天皇の命令は詔／勅、皇太子・皇后の命令は令旨《りょうじ》である。即位前の「皇太妃」阿閇が臣下を前に「詔」を発したのは、文武治世後半の数年間、彼女が太上天皇に準じる立場で国政にあたっていたからだろう。阿閇の即位は、彼女の統治実績の延長上にあったのである。

息子から母への異例の譲位として、従来、元明は文武の遺児首《おびと》（聖武）即位までの「仮の即位」「中つぎ」とみなされがちだった。しかし、六～七世紀以来の長老男女即位の慣行に照らせば、持統から異母妹元明へと、長老女性の執政は途切れることなく続いていることがみえてこよう。このことが、七世紀末に新たな方向として導入された年少男性の即位と治世を支え、律令国家形成期の王権の安定を実現していった。年長の統治熟練者と年少の統治見習という王権構成は、このあとも奈良時代を通じてくり返されていく。

大宝令の施行は、持統の最晩年である。持統には、自分の亡き後の王権の安定と強力化をいかにして実現するか、明確なビジョンがあったのだろう。大宝令制定にあたって、唐令にはない「太上天皇」「皇太妃」「女帝の子」の規定を設けることは、現実を踏まえた国政上の緊急課題だったのである。

†血統的継承観の浮上

元明《げんめい》即位宣命は次のような構成である（慶雲四年七月壬子《みずのえね》条）。文武即位宣命と比べると、文武即位の正当性が異なる継承観によって語り直されていることがわかる。一言でいうならば、神話的継承観から血統的継承観への転換である。

関《かけま》くも威《かしこ》き藤原宮《ふじわらのみや》に御　宇《あめのしたしらしめ》しし倭根子天皇《やまとねこすめらみこと》（持統）、丁酉《ひのととり》の八月に、此《こ》の食国天下《おすくにあめのした》の業《わざ》を、日並所知皇太子《ひなみしのみこのみこと》（草壁）の嫡　子《むかいばらのみこ》、今御　宇《あめのしたしらしめ》しつる天　皇《すめらみこと》（文武）に授《さず》け賜《たま》いて並《なら》び坐《いま》して、此《こ》の天下《あめのした》を治《おさ》め賜《たま》い諧《ととの》へ賜いき。是《こ》は関《かけま》くも威《かしこ》き近江大津宮《おうみのおおつのみや》に御　宇《あめのしたしらしめ》しし大倭根子天皇《おおやまとねこすめらみこと》（天智）の、天地《あめつち》と共《とも》に長《なが》く日月《ひつき》と共《とも》に遠く改《かわ》るましじき常《つね》の典《のり》と立て賜い敷き賜える法を、受け賜わり坐《ま》して行い賜う事と衆《もろもろ》受け賜りて、恐《かしこ》み仕《つか》え奉《まつ》りつらくと詔《の》りたまう命《おおみこと》を衆《もろもろ》聞きたまえと宣《の》る。

前節でみた文武即位宣命（六九七年）では、神の委任を受けて統治した持統が文武に皇位を授けた、と語られていた。文武は持統の孫だが、そのことには何ら言及されない。持統は天智の娘で天武の皇后だが、それにも触れることはなかった。「天皇《すめら》が御子の阿礼坐《あれま》さんいや継々に」という文言は、血統的連続の意味で理解されがちだが、それは違う。「アル」とは、賀茂《かも》の御阿礼《みあれ》祭りでも知られるように、神が霊力を更新して新たに甦《よみがえ》ることを意味する。古代祭祀の根幹をなす観念の一つである（義江明子『日本古代の祭祀と女性』）。内乱に勝利して即位した天武も、「天雲《あまくも》の八重《やえ》かき分けて神下《くだ》り」飛鳥宮で天下を治めた、と詠われた（『万葉集』一六七番）。代々の天皇は、神としてその都度「アレ」ますと観念されていたのである。

だが元明即位宣命（七〇七）では、持統が「日並所知皇太子《ひなみしのみこのみこと》の嫡子《ちゃくし》」である文武に「授け」たと、文武の即位事情は語り直される。持統への神の委任を示す文言はなくなり、文武が草壁皇太子の嫡子であることが強調される。譲位は天智の定めた「天地《あめつち》と共《とも》に長《なが》く日《ひ》月《つき》と共《とも》に遠く改《かわ》るましじき常《つね》の典《のり》」（不改常典《ふかいじょうてん》）にもとづいて行われたとの説明も、新たに加わった。このようにして文武の即位は正当化され、その正当な君主文武が元明に譲ったという二段構えで、元明即位の正当化はなされた。「皇太子の嫡子」も「不改常典」も、文武即位宣命にはなかった付加文言である。

先帝による継承者指名↓譲位を群臣が受け入れるのには、揺るぎのない先帝権威が前提となる。しかし一五歳で即位し二五歳で没した病身の文武に、群臣を承服させるだけの権威は乏しかった。元明に「遺詔」した先帝文武の権威を補うために付加されたのが、この二つの文言だったのである。天智の権威浮上は、文武三年（六九九）頃に始まった。前節でみたように、草壁の称揚はそれよりやや遅れて大宝以降に展開する。草壁を「皇太子」とすることは、（のちに編纂される『日本書紀』を除けば）この元明即位宣命が初めである。「嫡子」も、大宝継嗣令で官人の「家」の創出と関わって定められた、中国に由来する新たな概念である。

「不改常典《ふかいじょうてん》」については諸説あるが、大きくは、草壁嫡系継承を定めたものか、先帝意志による譲位か、の二つに分かれる。本書では、後者の諸説（倉住靖彦「いわゆる不改常典について」他）により、先帝意志による継承者指名を内容とし、文武即位後の天智権威浮上を背景に、天智に仮託して、群臣関与を排除する譲位システムの定着をはかったものとみておく。この時期の天智の権威浮上には、不比等の父鎌足を顕彰する意味もあった。

文武即位宣命の段階では、いわゆる父系〝直系〟継承の論理が、文言としては微塵《みじん》もみられないことに注目したい。天智は持統・元明の父で、文武の母方祖父にあたる。先帝天智の権威浮上は、天智・天武の母である斉明の顕彰をともなっていた（第四章3節）。元明即位宣命では、新たな律令用語「嫡子」を用いて血統的継承観への転換がはかられたが、それはまだ双系的色合いを強く残すものだったのである。

†元正への譲位

即位した元明は、藤原不比等を片腕として、和同開珎《わどうかいちん》の発行、蝦夷征討軍派遣、平城京造営／遷都などの諸政策を進めていった。これよりさき病床にあった文武は、死の二カ月前に「明《あか》き浄《きよ》き心を以《も》ちて、朕《われ》を助け奉《まつ》り仕え奉《まつ》る」事を賞して、かつての高市に匹敵する食封五〇〇〇戸を不比等に賜った。不比等の政界における躍進は、文武即位の直前に始まり、即位後には文武を支える特別の役割を担っていった（第五章3節）。元明即位の翌年和銅元年（七〇八）には右大臣、ついで左大臣となり太政官を掌握する。

不比等の娘宮子は文武即位直後に複数のキサキの一人となる。ただし、「夫人《ぶにん》」の身位を得たのは、もともとは同格だった他の二人のキサキ（紀氏・石川氏）が和銅六年（七一三）一一月に「嬪《ひん》」号を貶《おと》されたのちと推定される（遠藤みどり「令制キサキ制度の基礎的研究」）。宮子の生んだ首《おびと》が立太子するのは、その翌年である。つまり、旧来の名門氏族出身のキサキと所生皇子を強引に引きずりおろし、母宮子の身位をかさ上げして、ようやく首の立太子は実現したのである。文武から首への継承が、決して文武生前からの安定した既定路線ではなかったことに注目したい。

立太子の翌年、霊亀《れいき》元年（七一五）九月に、五五歳の元明は三六歳の娘氷高に皇位を伝えた（元正）。一五歳の首の即位は、「年歯幼稚《ねんしようち》」（まだ幼い）だとして見送られた。同じ一五歳で文武は即位したが、それは国政に練達《れんたつ》した祖母持統の後見／共治が前提としてあったからである。文武治世の半ばに持統は五八歳で没したものの、あとには母の阿閇「皇太妃」がいて引き続き後見の役割を担った。そのことを思えば、首立太子を見届けた五五歳の元明が、自身の年齢を考慮した時、熟年の娘氷高に譲位して自らの後見のもと統治経験を積ませ、自分の没後の首育成を委ねようと考えるのは、ごく当然のことだった。

氷高が三六歳にもかかわらず未婚なのは、婚姻年齢にさしかかる文武即位の頃（一八歳前後）に、将来の即位可能性を見越して独身とされたためとみられる（松尾光「元正女帝の即位をめぐって」）。ここから、不婚を〝中つぎ〟女帝の特性とみる議論も盛んである。しかし、父系直系継承を自明の前提としなければ、皇位継承候補は複数存在するのが通例である。元明は自身の後継者として、まず娘の氷高を選択したとみるべきだろう（渡部育子『元明天皇・元正天皇』）。

阿閇（元明）の三人の子のうち、珂瑠《かる》は即位（文武）、氷高《ひだか》は未婚（のち即位して元正）、吉備《きび》は長屋王《ながやおう》の妻となり子を儲けた。元明の即位によって「女帝の子」となった氷高と吉備は、それぞれ異なる立場で、文武の子首《おびと》と並ぶ（代わりうる）存在だったのである。双系的血統観に照らせば、三人の子ないしその所生子の誰が即位しても、元明にとっては自己の

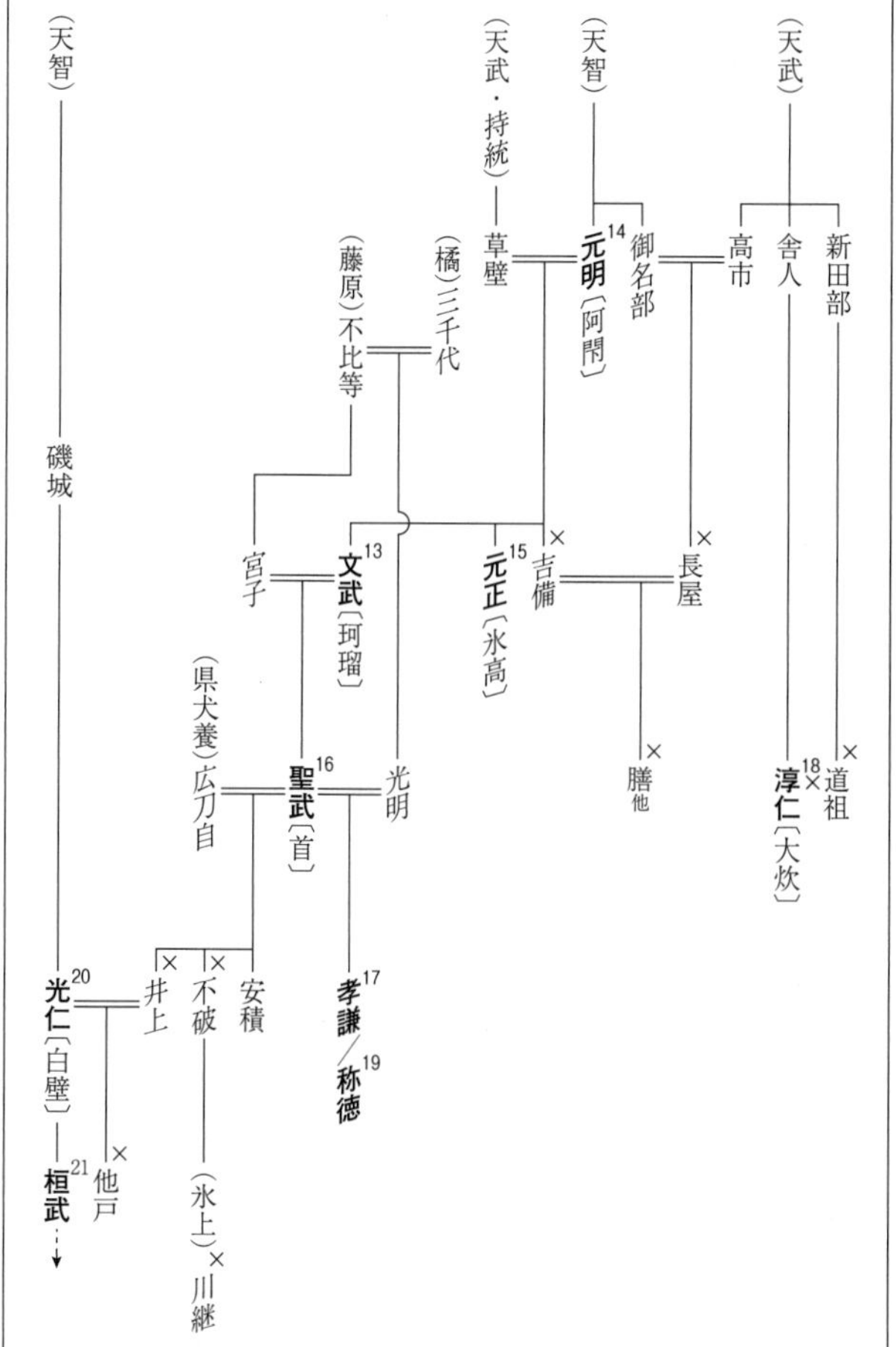

図11　八世紀の皇位継承。太字は天皇、数字は欽明以降の継承順、斜字は女性、×は政争の敗者。

皇統の存続を意味した。

†元明・元正と橘三千代

譲位の六年後、養老五年（七二一）一二月に元明太上天皇が六一歳で没するとただちに、東国に通じる三関《さんげん》（東海道の鈴鹿関《すずかのせき》、東山道の不破関《ふわ》、北陸道の愛発関《あらち》）に固関使《こげんし》が発遣された。政情不安への備えであり、元明が最後まで国政上の重要な地位にあったことを示す（岸俊男「元明太上天皇の崩御」）。皇太妃〜天皇〜太上天皇と二〇年にわたり王権中枢にあって、律令国家を軌道に乗せるべく尽力した生涯だった。

元明が没する二カ月前の養老五年一〇月、参議従三位の房前《ふささき》（不比等の二男）が、「内外を計会《はから》い、勅《ちょく》に准《なずら》らえて施行し、帝業を輔翼《たす》けて、永く国家を寧《やす》みすべし」として内臣に任じられた。元明の片腕だった不比等は、すでに前年八月に没している。内臣は、律令官制にはない近臣の要職である。房前《ふささき》の妻牟漏《むろ》は、橘三千代が前夫との間に儲けた娘で、母と同様に高位の女官（尚侍《ないしのかみ》）だった。のちに大臣となる橘《たちばなのもろえ》諸兄は牟漏の同父兄、藤原光明子《こうみようし》は異父妹にあたる。不比等・三千代夫妻を起点とする親密な人的関係が、天皇―太政官―諸司百官という律令国家機構とは異なるルートで、元明没後の元正の統治を支えていった。

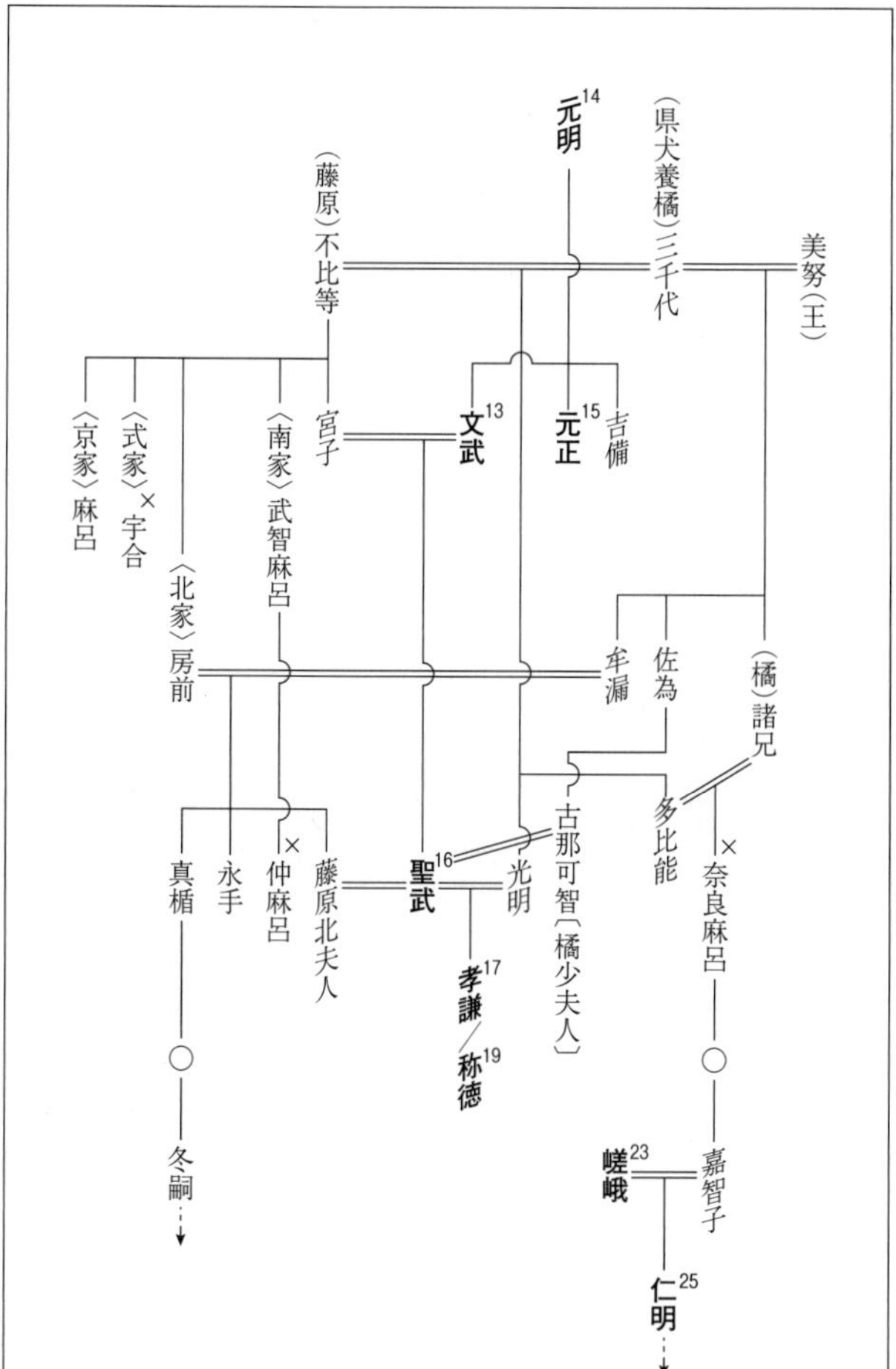

図12　不比等・三千代と王権中枢の人的関係。太字は天皇、数字は欽明以降の継承順、斜字は女性、×は政争の敗者。

三千代のもともとの姓は県犬養《あがたいぬかい》である。天武朝に出仕して以来、歴代の天皇に宮人《くにん》（女官）として仕え、天平五年（七三三）正月に六九歳で亡くなった。時に内命婦正三位《ないみょうぶしょうさんみ》の高位にあり、死後ただちに従一位を贈られた。三千代に対する阿閇（元明）の信任は厚く、近侍してその子珂瑠《かる》（文武）の乳母《うば》となった。前夫美努《みぬ》王との間に葛城《かづらき》王（のちの諸兄）が生まれたのはこの時である。つまり、文武と諸兄はいわゆる乳兄弟にあたる。同じ場所で成長した珂瑠の姉妹氷高《ひだか》（元正）・吉備とも、三千代は強い絆を築いていたことだろう。

元明即位の大嘗《おおなめ》の宴で、三千代は長年の忠誠を賞されて橘姓を賜り、県犬養橘三千代《あがたいぬかいのたちばなのみちよ》となる。持統一〇年（六九六）頃に藤原不比等と再婚して儲けたのが、のちに聖武の皇后となる光明《こうみょう》である。光明と首《おびと》（聖武）は同年生まれで、三千代は首の乳母でもあったらしい。聖武治世の天平八年（七三六）一一月、息子の葛城王《かづらきおう》と佐為王《さいおう》は皇親の籍を離れて母が賜った橘姓を継ぐことを願い、橘諸兄・佐為となった。佐為の娘と牟漏・房前夫妻の娘も、聖武の「夫人」となった。ともに三千代の孫にあたる。

諸兄は元正《げんしょう》太上天皇（氷高）と聖武《しょうむ》天皇・光明《こうみょう》皇后の信任のもと、不比等の四子が相次いで没した天平九年（七三七）以降は、大納言《だいなごん》～右大臣・左大臣となって朝廷を率いていくのである（義江明子『県犬養橘三千代』）。

3　聖武と元正太上天皇

†聖武即位と長屋王の変

神亀《じんき》元年（七二四）二月、四一歳の元正は、二四歳となった首（聖武《しょうむ》）に譲位し、引き続き太上天皇として後見した。聖武即位宣命の前半は、文武から聖武に至る皇位継承次第を、「元正の詔」として次のように述べる。

①「藤原宮に天下《あめのした》知らしめしし天皇《すめらみこと》」（文武）が「みまし」（首＝聖武）に「食国《おすくに》天下の業《わざ》」を賜った。

②しかし「みまし」は幼かったので、「皇祖母《すめみおや》と坐《いま》しし天皇」（元明）に（天下の業を）授け奉《まつ》った。

③（元明は）「平城大宮《ならのおおみや》に現御神《あきつみかみ》と坐《いま》して大八嶋国《おおやしまくに》知らしめし」、霊亀《れいき》元年に「食国天下の政《まつりごと》」を朕《われ》（元正）に授け譲った。

④その時に、「淡海大津宮《おうみおおつのみや》に御宇《あめしたしらしめ》しし倭根子天皇《やまとねこのすめらみこと》」（天智）の「不改常典」の随《まま》に、

のちには「我子」(首＝聖武)にたしかに(天下を)授けよと、仰せられた。
⑤祥瑞(白亀)出現を契機に、「吾が子みまし王《みこ》」(首＝聖武)に「食国天下の業」を授け譲る。

これらの文言をそのままに受け取れば、聖武即位は父文武の生前の意志であり、元明と元正はその実現のための〃つなぎ〃だったことになる。女帝〃中つぎ〃説の有力な根拠として、しばしば参照される史料である。しかし、これは史実だろうか。七〇七年の元明即位宣命には、文武から元明への譲位意志を述べるだけで、聖武を将来の後継者として示唆する文言は微塵もみられない。かつて、元明即位宣命が、六九七年の文武即位宣命にはなかった文言で文武即位の正当性を語り直したのと同様に、聖武即位宣命は、元明即位宣命にはなかった文言で聖武即位の正当性を語り直したとみるべきではないか。

首は、元正即位の前年に立太子した。しかしそのために、他の名門キサキと所生皇子の地位を強引に奪う必要があったことは、すでにみた通りである。元明から元正への譲位の時点で、元正の次が首と決まっていたわけではない。吉備・長屋夫妻(とその子)にも、充分に継承資格はあった。吉備は元明の子、長屋は高市と御名部《みなべ》の子で、夫妻はともに天武・天智の孫にあたる(前節図11)。群臣の目から見て、藤原宮子を母とする聖武よりも、夫妻とその子は血統的尊貴性において明らかに優位にあった。こうした客観的状況をくつがえすべく、聖武即位にあたって〝文武から聖武への父系嫡系継承〟が先帝文武と元明の一貫した意志だったと、太上天皇元正のコトバを用いて群臣に長々と語りきかせる必要があったのである。

聖武即位の三年後、神亀《じんき》四年(七二七)に藤原光明子《こうみようし》(不比等と三千代の娘)が皇子を生み、ただちに立太子するが、翌年には没してしまう。このタイミングでの翌神亀六年(天平元、七二九)二月の長屋王の変は、聖武の側からすれば必然の行動だっただろう。長屋・吉備夫妻とその子は死に、聖武皇統以外の選択肢は消えた。しかし群臣の意識の中には伏流として残り、以後の政変で長屋王の遺児が担ぎ出されることにつながっていく。

変の半年後に、光明立后が実現する。聖武は、〝即位後の政治判断も官人任命も元正太上天皇の仰《おお》せのままに行ってきた〟と述べた上で、「王祖母天皇《おおみおやてんのう》」(元明あるいは元正)が賜ったキサキだから、と光明の立后《りつこう》を正当化した(天平元年八月)。しかしその後も光明皇后が男児を生むことはなく、天平一〇年(七三八)一月に娘の阿倍《あべ》が皇太子となった。初の女性皇太子である。聖武には県犬養広刀自《あがたいぬかいひろとじ》を母とする安積《あさか》親王もいて、阿倍皇太子は必ずしも群臣の広範な支持を得られたわけではなかった。

天平一五年(七四三)五月、二六歳となった阿倍皇太子は、天武の天下平定にちなむ五《ご》節舞《せちのまい》を群臣の前で舞い、聖武はそれを臨席の元正太上天皇に奉献した。すべては太上天皇の意志に沿ってなされていると、群臣に強く示したのである。太上天皇元正の存在感の大きさが知られよう。

†〝共治〟のはらむ拮抗と緊張

七世紀の推古・舒明・皇極・孝徳・斉明・天智・天武・持統と同様に、八世紀にも文武・元明・元正・聖武・孝謙・淳仁・称徳と、男帝と女帝がほぼ交互に即位した（傍点は女帝）。しかし持統〜文武を転換点として、これまでにはない性差がみられるようになる。女はこれまで通り熟年で即位するが、男は年少でも即位するという違いである。世代内男女長老による統治から、長老女性による年少男性育成へのシフト、といってもよい。序章で述べたように、旧来の双系社会の長老原理を土台にして、新たな父系原理による皇位継承へのソフトランディングがはかられたのである。

熟年で即位し経験を積んだ「女帝」が、退位後も未熟な年少の「男帝」を補佐／共治するというのは、持統が創始した形態である。それが、阿閇皇太妃と文武、元正と聖武の間でもくり返された。阿閇は文武の実母、元正は甥聖武の「神母《しんぼ》」（「興福寺流記」）である。聖武の母宮子は、出産後ながく病床にあり、天平九年（七三七）に初めて聖武と相見《あいまみ》えたという。首の成長を見守ったのは、乳母の橘三千代だったと推定される。

本書で何度か述べてきたように、古代の婚姻の基本は別居通い婚で、大王宮とキサキ宮は別の場所にあり、所生子は母のキサキ宮で成長するのが通例だった。七世紀末に始まる〝熟年女性と年少男性の共同統治〟は、日常的な〝母による子の教導〟を土台に、国家体制確立期における王権の強化を実現した。官人にとっての仕奉《しぶ》対象が同時に二人存在する太上天皇制は、こうした婚姻慣行と双系的親族関係の中で育まれた王権が、中国的な父系原理に転換するにあたって必要としたシステムだったのである。

だがこのシステムは、母と子の日常的な親密関係が土台になければ崩壊しかねない。その兆しは、天平一六年（七四四）、難波遷都をめぐる聖武天皇と元正太上天皇の拮抗として顕在化する。時に、元正は六五歳、聖武は四五歳になっていた。すでに二〇年余の統治経験を積み熟年に達した聖武にとって、准《じゅん》「母《ぼ》」元正の存在は桎梏《しっこく》でしかなかっただろう。

他方で、天皇〜太上天皇として三〇年あまり国政を担ってきた元正は、群臣との間に強固な人格的関係を築いていた。その存在を無視することはできない。天平元年（七二九）、長屋王の変の半年後に光明立后を実現するにあたって、聖武が、すべて元正の「教え賜《たま》いおもぶけ賜い答え賜い宣《の》り賜う随《まにま》に、此《こ》の食国天下《おすくにあめのした》の政《まつりごと》」を行ってきた（教え指示してくださる言葉のままに、これまで天下を治めてきました）と強調し、元正が折にふれてくり返し聖

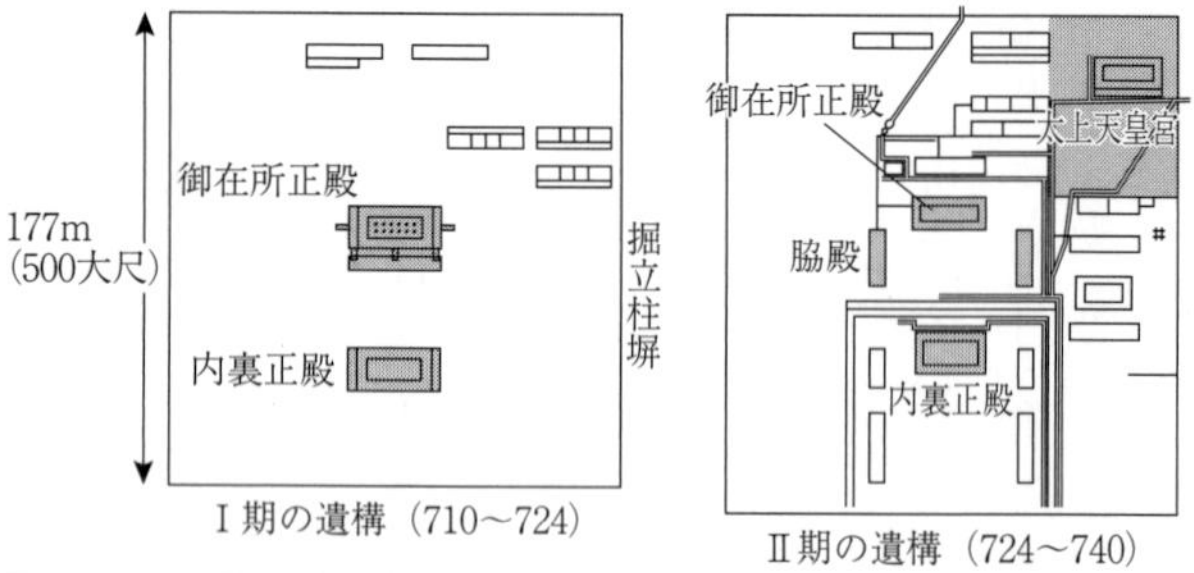

図13　平城宮内裏の遺構（元明・元正太上天皇の居処）。渡辺晃宏『日本古代国家建設の舞台　平城京』（新泉社、2020年）45頁図25「内裏の遺構変遷」より作成。

武に「我子《あがこ》」と呼びかけるのも、すでにこの頃には（光明を間に挟んで）両者の緊張が兆し始めていたことの表れかもしれない。変で長屋王とともに亡くなった吉備は、元正の同母妹である。

太上天皇の居処

太上天皇はどこにいたのだろうか。持統太上天皇の殯《もがり》は、藤原宮「西殿《にしとの》」の庭で行われた（大宝二年（七〇二）一二月辛酉《かのととり》条）。譲位後の持統は、藤原宮内裏で孫文武とともにあったのである。

元明太上天皇は、平城宮「中安殿《なかやすみどの》」で崩じた（養老五年（七二一）一二月己卯《つちのとう》条）。発掘によると、内裏区画は平城宮の東区北方に位置し、おおむね六時期の変遷がある。Ⅰ期（七一〇〜七二四）は中央に巨大な御在所正殿が建ち、Ⅱ期（七二四〜七四〇）には御在所正殿がやや縮小する一方で、内庭をともなう大規模な宮殿が東北隅に別に設けられた。これが元正太上天皇宮とみられる（渡辺晃宏『日本古代国家建設の舞台　平城宮』）。元明太上天皇は御在所正殿内の一郭で娘元正天皇と同居を続けた（Ⅰ期）が、元正は、太上天皇になると内裏内の別区画に別宮を設け（Ⅱ期）、甥聖武とはやや距離をとったということだろう（図13）。

聖武は、天平一二年（七四〇）からの数年間、恭仁《くに》宮〜難波宮〜紫香楽《しがらき》宮を転々とし、同一七年（七四五）に平城宮に還った。恭仁宮では、発掘により内裏地区に二つの〝内裏〟があったことがわかっている。平城宮内裏よりはごく狭いが、東・西の二つの〝内裏〟はほぼ同規模である。東が聖武で、西が元正太上天皇の「新宮」（天平一三年〔七四一〕七月戊午《つちのえうま》条）にあたるのだろう（橋本義則「恭仁宮の二つの「内裏」」）。光明の皇后宮は慣例にしたがって宮外に設けられ、聖武はそこに行幸している（天平一四年二月丙子《ひのえね》条）。

紫香楽宮でも、正殿の北に大きな五間門で隔てられた区画があり、そこに二面廂《ひさし》の大型建物のあったことが発掘で確認された。東建物・西建物と仮称されていて、東が聖武、西が元正太上天皇のためのものらしい（図14）。天平一六年（七四四）二月二四日に聖武が紫香楽宮に向かったあとも、元正太上天皇と左大臣橘諸兄は難波宮にとどまり、二日後の二六日に難波宮を「皇都」と定める「勅」が諸兄によって宣せられた。ここに聖武と元正＋諸兄の対立をみるか否か、「勅」を発したのは聖武か元正か、種々の議論がある。両者が

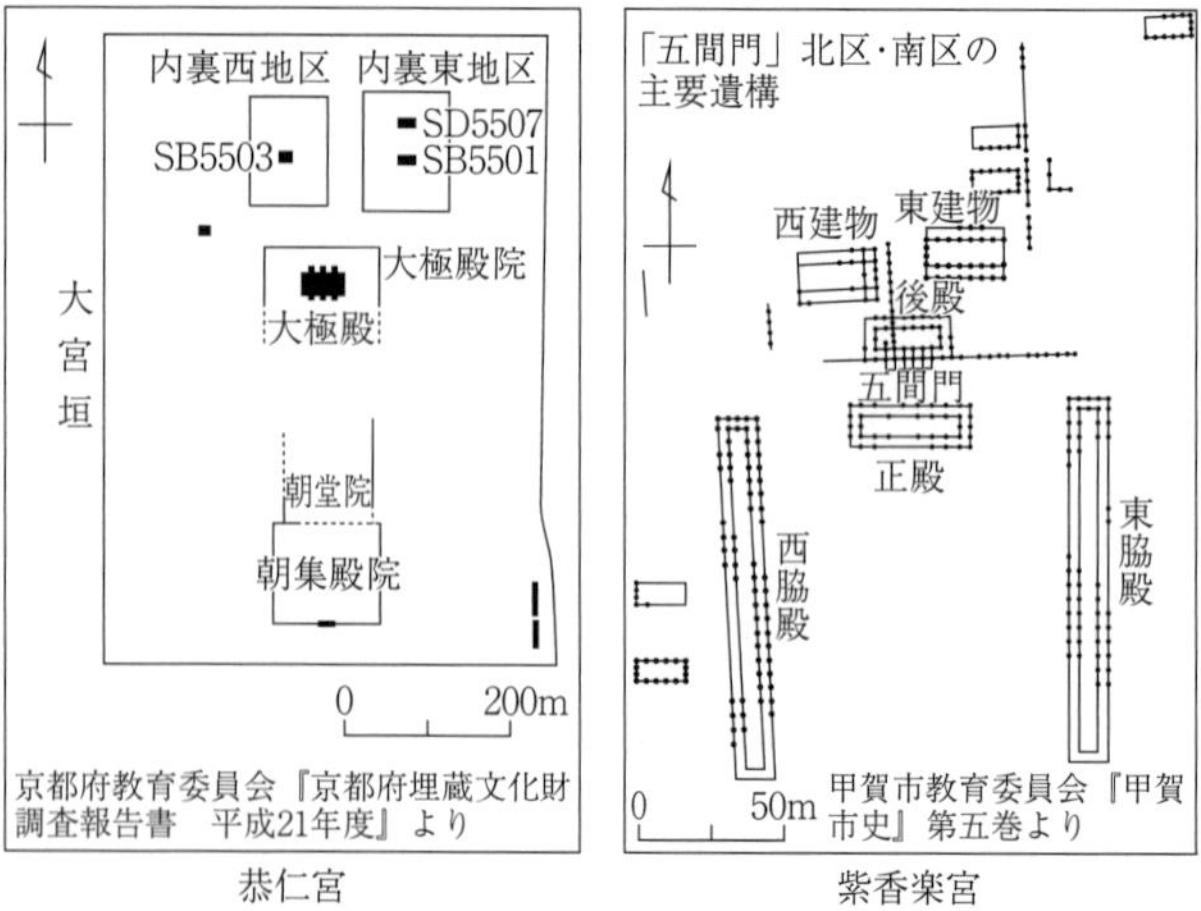

図 14　恭仁宮と紫香楽宮の遺構（元正太上天皇と聖武天皇の居処）。栄原永遠男『聖武天皇と紫香楽宮』（敬文舎、2014 年）76 頁、118 頁所載図をもとに作成。

紫香楽宮と難波宮に分かれていたのは一一月までで、一一月一七日には元正は紫香楽宮に入った。紫香楽宮の西建物は、元正の移動にあわせて、恭仁宮の二つの「内裏」にならい東建物に並べる形で設けられたのだろう（栄原永遠男『聖武天皇と紫香楽宮』）。

元正と聖武が〝対立〟したとまでいえるかどうかはさておき、ともに国政経験を積み熟年に達した両者が、一体的に君主の権能を行使するべく設計された国制の枠組みのもとで、距離を保ちつつバランスを取るための工夫が、二つの〝内裏〟だったのではないか。祖母―孫、母―娘の関係とは異なり、伯母と甥では無条件の親密／教導関係は成立しにくい。平城宮で元正譲位を契機に出現した内裏内別区画の「太上天皇宮」を前提として、恭仁宮・紫香楽宮では、より明確に二つの区画／建物の隣接・並存となったのだろう。とはいえ、別区画・別建物になろうとも、同じ宮内での並存である限り、太政官・諸司百官の供奉に支障は生じない。それが破綻するのは、平安宮と平城宮に分かれた嵯峨天皇と平城太上天皇の時である（終章）。

第七章　孝謙＝称徳――古代最後の女帝

1　女性皇太子の即位

†皇太子制の成立と展開

聖武の娘阿倍《あべ》は、天平一〇（七三八）に二一歳で皇太子となった。母は藤原光明子である。史上初の女性皇太子として、とかくその異例さが強調されるが、必ずしもそうはいえないだろう。私たちはとかく、近代の確立した皇太子制度を前提に古代をみてしまいがちである。しかし八世紀前半のこの時期、皇太子制はまだ形成途上にあった。

浄御原令（六九〇年）に初めて規定され、持統の孫の珂瑠《かる》が最初の皇太子とされたものの、群臣にとってはなじみの薄い制度だった。『書紀』には珂瑠の立太子記事はなく、『続日本紀』文武即位前紀に「高天原広野姫《たかまがはらひろのひめ》天皇（持統）の一一年（六九七）に立ちて皇太子となる」と記されるだけである。次の皇太子は文武（珂瑠）の息子の首《おびと》だが、聖武即位前紀には「和銅七年（七一四）六月に立ちて皇太子となる」とあるものの、該当年月には庚辰《かのえたつ》（二五日）条の元服の記事しかみえない。

三人目が、神亀四年（七二七）閏《うるう》九月に藤原光明子が生んだ皇子で、生後一ヵ月余で皇太子とされた。光明のキサキ宮は故不比等邸の一郭にあり、大納言以下百官が「太政大臣の第《だい》」に赴いて皇太子を拝した（神亀四年一一月辛亥《かのとい》条）。倭国における王位継承は長らく、実力の備わった熟年御子の中から群臣が選ぶことが基本だった。この慣行は、持統による一五歳の珂瑠への譲位と太上天皇制の創始によって打破されたとはいえ、生後一ヵ月の幼児を継承者に定めるのは、異例中の異例である。

立太子詔と同日に、「累世《るいせ》の家の嫡子」（代々仕えてきた家の継承者）で五位以上の者に特別の賜物がなされた。「嫡子《ちゃくし》」制は律令で新たに導入された理念である。そもそも〝家のあとつぎ〟という観念は、それまでの倭／日本の社会には存在しなかった。旧来の氏《うじ》に代わって官人の出身母体としての「家」を創り出すために、継嗣令に官位と対応する立嫡《りっちゃく》の規定が設けられた。新たな「嫡子」理念を貴族官人層に浸透させることと連動して、皇太子制の定着がはかられたのである。

だが皇太子となった幼児（名は基王《もとい》か）は、翌神亀五年（七二八）年に没した。その一年後の長屋王の変で、聖武に匹敵する血統的立場にあった長屋王夫妻と子らは死に追いやられた。「亡き皇太子の母」だからとして光明が「皇后」となるのは、その半年後である。令の規定では内親王がなるはずの皇后の地位に光明を立てるには、はるか昔の伝承の仁徳《にんとく》皇后磐之媛《こうごういわのひめ》（葛城氏出身とされる）の例をもちだすなど、種々の言い訳が必要とされた（天平元年〔七二九〕八月壬午《みずのえうま》条）。しかしその後も光明が男子を産むことはなく、九年後の天平一〇年に阿倍が皇太子となる。聖武に男子がいなかったのではない。県犬養広刀自《あがたいぬかいのひろとじ》を母とする安積《あさか》（亡くなった幼児と同年の生まれ）がいたが、それを退けての立太子である。

「皇后」という地位が定まったのも飛鳥浄御原令で、持統が初代皇后、光明は二人目である。文武には皇后はいなかった。首（聖武）の立太子は、複数のキサキのうち伝統的雄族《ゆうぞく》である紀《き》氏・石川《いしかわ》（蘇我）氏《し》出身キサキとその所生皇子をひきずり降ろして、ようやく実現したのである（第六章2節）。母藤原宮子は、その時点では「夫人」のランクを得るのが精一杯だった。光明「皇后」の実現は、藤原氏にとってきわめて大きな政治的達成だったことが理解できよう。

新興氏族の藤原氏は、氏族単位ではなく官人個人に官位／官職を与える律令制の仕組みに巧みに適応して、不比等と息子たちが議政官《ぎじょうかん》（国政を審議する上級貴族）の地位に就き勢力を蓄えていった。その一方で、婚姻を通じて王権に密着し、貴族社会での特別の立場を築こうとしたのである。しかし、父母双方を通じて天智・天武につながる文武と異なり、宮子を母とする聖武の血統的権威は、貴族たちからみて万全のものではない。ましてや、光明を母とする幼児に備わる権威はきわめて乏しい。だからこそ、「皇太子」「皇后」という新たに導入された制度的地位に、強引によりすがる必要があったのである。

†女性の「皇太子」

大宝令継嗣令皇兄弟条の「凡そ皇の兄弟・皇子は、皆、親王とせよ（女帝の子も同じ）」という規定は、すでに述べたように、天皇（男帝・女帝）の兄弟姉妹と男女御子は、「親王」として皇位継承資格を持つことを意味する（第六章1節）。男女別の地位と称号体系に立脚した唐令の規定を、日本令は本質的なところで受容しなかった（できなかった）のである。

唐では、則天皇帝武照《ぶしょう》の孫（中宗と韋《い》后《こう》の娘）にあたる安楽公主《あんらくこうしゅ》が、自ら「皇太女《こうたいじょ》」になろうとしたことがあった（『旧唐書』景龍四年〔七一〇〕五月丁卯《ていぼう》条）。実現はしなかったが、彼女が目指したものが「皇太子」ではないことに注目したい。「皇太子」が男子であることは中国ではあまりにも自明だったので、「皇太女」という新たな称号の考案が必要だったのである。それに対して同時代の日本では、「皇太子」はそもそも男女の総称だった。女性皇太子の出現はその意味では「異例」ではなく、令の制度設計としては想定内というべきだろう。

ところで、衣服令《いふくりょう》の冒頭には皇太子礼服《らいふく》の規定があり、黄丹衣《おうだんのころも》と白袴《しろはかま》からなる。そこからすると、令は男性皇太子を前提としていたとも考えられよう。ただし、日本の衣服令には天皇の服制は定められていない。衣服令は朝廷での儀式にのぞむ親王以下男女官人について中国的な衣服着用を定めたが、天皇は伝統的な白衣《はくい》だった。正月朝賀《ちょうが》と同様の礼服で官人が居並んだ天平勝宝四年（七五二）四月の東大寺大仏開眼会《かいげんえ》で、聖武太上天皇と孝謙天皇はともに白衣《はくい》をまとい、頭上には中国風の冕冠《べんかん》をかぶっていたらしい。国家的儀式の場では天皇も唐の皇帝と同様の礼服・冠を身につけ、神事では旧来通りに白衣着用、という区別が定まるのは平安初以降である（大津透『律令国家と隋唐文明』）。ここでも、まず官人編成の面で中国化の徹底がはかられ、王権周辺ではやや遅れることが注目されよう。

大宝令制定時には皇太子はいなかった。それ以前、皇太子の初例である珂瑠《かる》は、立太子の有無もあいまいで、わずか半年で即位した（文武《もんむ》）。すでにみたように、大宝令は現実に差し迫った重要な課題である「太上天皇」「女帝の子」「皇太妃」については、唐令にない規定を設け、本註を加えた。しかし皇太子の服制については、当面、唐令の規定を引き写したのだろう。中国の礼制の導入が始まるのは、次に述べる吉備真備《きびのまきび》の帰国後である。

阿部立太子の三年後には、下道《しもつみち》（吉備《きび》）真備《まきび》が東宮学士に任命された。そもそも男の親王には「文学《ふみはかせ》」という師範がいて経学《けいがく》の講義にあたる定めだが、内親王には教育係としての「文学」はいない。男の親王には任官の途《みち》があるので経学教育が必要だったが、その可能性のない内親王には経学は不要とされたのだろう。そのため阿倍には立太子ののちに、真備を師範として君主の基礎素養教育が開始されたのである。女性を排除する律令官人制の理念と、八世紀前半の王権構成の矛盾の表われといえよう。真備は養老元年（七一七）から一七年間にわたって唐に留学し、学問万端を学び多くの典籍を携えて帰国したばかりの、当代きっての学者である。阿倍を将来の天皇に育てるため、本格的な帝王教育の態勢が整えられたことになる。阿倍皇太子は、真備を師として『礼記《らいき》』『漢書《かんじょ》』を学んだという（宝亀《ほうき》六年十月真備薨伝《こうでん》）。

真備が唐に渡る前の数年間（七〇五～七一三）には、則天皇帝武照《ぶしょう》の死に続いて、李《り》隆基《りゅうき》（玄宗《げんそう》）による韋后《いこう》・安楽公主《あんらくこうしゅ》・太平公主《たいへいこうしゅ》の誅殺という、皇権をめぐる激震があった。玄宗は即位後、女性統治者を否定する動きを精力的に展開する（第五章付節）。そうした政治思潮のもとで一七年間を過ごし、儒学・律令の根本思想を身につけて帰国した真備だが、女性皇太子の教育係となり、即位後も最後まで彼女を支えた。唐で習得した軍学を駆使して仲麻呂の乱（七六四）を制し、孝謙重祚《ちょうそ》への道を開いたのも真備である（次節）。倭／日本における女性統治者の存在は、唐帰りの真備にとっても自明で当然のことだったことが知られよう。

ところで、二〇一九年末に中国で、吉備真備が書いたと思われる「李訓墓誌《りくんぼし》」の存在が公表された。開元二二年（七三四）に洛陽《らくよう》で作られた墓誌の末尾に「日本国朝臣備書《しょ》」とあり、時期からみても「朝臣備」は真備以外に考えられない。李訓は鴻臚寺《こうろじ》（外交を担当する部署。寺は役所のこと）の中堅官人である。真備は見事な書体で流麗な墓誌の文章をつづるだけの学識を備え、親交のあった李訓のために墓誌をしたためたらしい（氣賀澤保規「隋唐史研究の新たな課題」）。

元正が皇太子を経ないで即位したことについて、首（聖武）即位までの〝つなぎ〟だったためとの見方がある。しかし皇太子制の歴史をみれば、熟年の天武御子たちのいる中での一五歳の珂瑠の〝立太子〟→ただちに即位、他の皇子を引きずりおろしての首立太子、藤原氏を母とする生後一ヵ月の幼児の立太子、男子安積がいる中での阿倍立太子と、この時点までの立太子はいずれも、従来の慣行をくつがえす強引な手段として使われたことがみえてこよう。これらと異なり元明から元正への譲位は、熟年の母と娘の間でなされた。その意味では、元正は「皇太子」制に頼る必要がなかったのである。

四人目の阿倍立太子で、ようやく皇太子制は軌道に乗った。その後は、大炊《おおい》（のち廃太《はいたい》子《し》)、道祖《ふなど》(即位後に廃帝《はいてい》)、称徳《しょうとく》「遺詔」を称しての白壁《しらかべ》皇太子擁立と、時々の政治局面に翻弄されながらも、皇太子を経ての即位がシステムとして定着していく。

†太上天皇・皇太后・天皇

聖武の男子安積《あさか》は、天平一六(七四四)年に一七歳で没した。阿倍皇太子は二七歳になっていた。父の聖武が元正の譲りを受けて即位したのは、二四歳の時である。そのことを考えれば、すでに数年の帝王教育を経た阿倍の即位は可能だったとも思えるが、そうはならなかった。天平二〇年(七四八)四月に元正太上天皇が六九歳で没し、その翌年の七月に聖武は阿倍に譲位した。孝謙《こうけん》天皇である。

元正は三六歳で即位し、天皇として九年、太上天皇として二四年の長きにわたって、首皇太子→聖武天皇の上に尊長として存在し続けたことになる。そもそも元正に譲位した時点での母元明には、「女帝の子」である文武(の息子首)、元正、吉備(と長屋王の子ら)が、それぞれに異なる立場で元明の皇統をつなぐ選択肢として存在していた(第六章2節)。その一つであった吉備・長屋夫妻とその子らの命が長屋王の変で強引に絶たれたことは、元正にとって不本意なことだったのではないだろうか。阿倍皇太子が舞った天下平定にちなむ五節の舞を、聖武が群臣の前で元正太上天皇に献じたところにも、聖武の微妙な気遣いが感じられよう。元正太上天皇の死によって、ようやく聖武は行動の自由を手にしたのである。

四八歳で譲位した聖武は、男帝としては最初の太上天皇となる。しかし聖武は譲位と相前後して出家し、内裏外の薬師寺宮にあった。聖武に代わって娘孝謙の日常的後見《こうけん》にあたったのは、母の光明皇太后である。のちに称徳が語ったところによれば、譲位にあたって聖武は臣下に対して、「太皇后（光明）に、自分に対すると同様に仕えよ」「太子（阿倍）だけが朕《われ》の子である。よく助け仕えよ」と命じたという（神護《じんご》景雲《けいうん》三年〔七六九〕一〇月乙未《きのとひつじ》詔）。〃先帝聖武の意志による、母皇太后の教導のもとでの即位〃が、孝謙＝称徳が群臣に示した自らの正当性の根拠だったのである。

七世紀末から八世紀前半の皇位継承はこれまで、天武―（草壁）―文武―聖武という男帝の断続的な父系嫡系継承と、その実現のための〃つなぎ〃の女帝（持統・元明・元正）の歴史として語られてきた。しかし、古代社会の特質をふまえて見直してみると、実は、持統（天皇／太上天皇）―阿閇（皇太妃）＝元明（天皇／太上天皇）―元正（天皇／太上天皇）―光明（皇后／皇太后）と、とぎれることなく長老女性の執政が続いた時代だったことがわかる。

この時代にみられた女性太上天皇による政務・人事をめぐる天皇後見は、天皇大権の中核にかかわるものであり、のちの摂関による天皇補弼の前史をなす（吉川真司「藤原良房・

基経」)。だが臣下である藤原氏出身の光明には、自ら即位する可能性はない。また、それまでの太上天皇のように天皇と一体的な〝君主〟として、太政官の奉仕を受ける存在ともなりえない。そこでそれまでの皇后宮職《こうごうぐうしき》を改組して、令外官《りょうげのかん》である紫微中台《しびちゅうたい》が新たに設けられた。令制八省と同様に四等官《しとうかん》制をとり、官人の官位相当は八省より高い。光明はここを拠点に、甥の藤原仲麻呂を紫微令《しびれい》(長官)に任じて権力を行使していった。光明が皇太后として娘孝謙を補佐し実質的な執政者の立場にあった期間は、その後十年余におよぶ。

譲位後の聖武は国政に積極的に関わることはなかったものの、仏教推進には率先して行動した。天平勝宝四年(七五二)四月の東大寺大仏の開眼供養《かいげんくよう》には、聖武太上天皇・光明皇太后・孝謙天皇の三者がそろって列して、開眼の筆に結びつけた絹の縷《る》を握り、そのあとには参列の百官が縷の末端にまで連なった(『東大寺要録』巻二供養章第三「開眼供養会」)。仏への帰依《きえ》を通して、君臣秩序が目にみえる形で示されたのである。

聖武は同八年(七五六)に五六歳で没するにあたり、「遺詔」で道祖《ふなど》(新田部《にいたべ》の子で天武孫)を皇太子とした。即位以来三〇年余の統治を経て、聖武と群臣の間には強い絆が築かれていた。孝謙は聖武の言葉をふりかざし、群臣に対峙していく。

2　聖武遺詔の重み

†廃太子から大炊立太子へ

聖武が没して一年も経たない翌年（七五七）三月、孝謙は遺詔で定められた道祖皇太子を廃し、代わって大炊《おおい》（舎人の子で天武孫）を皇太子とした（第六章2節図11）。『続日本紀《しょくにほんぎ》』によると、廃太子〜立太子は次のような手順でなされた（天平宝字元年三〜四月および淳仁即位前紀）。

①三月二九日、孝謙は、道祖が先帝喪中《もちゅう》にもかかわらず淫らな行いにふけり改めないとして、群臣（右大臣以下の有力貴族）を「禁中《きんちゅう》」に召して「先帝遺詔」を示し、廃不《はいふ》の如何《いかん》を問うた。群臣は「顧命《こめい》の旨に乖《そむ》き違《たが》わじ」（遺詔の仰せに従います）と奏《そう》し、道祖はその日のうちに廃された。

②四月四日、孝謙は群臣を召して、「どの王を立てて皇嗣《こうし》とすべきか」と問うた。群臣はそれぞれに天武の孫王を推挙したが、仲麻呂が「天意の択《えら》ぶところ」（孝謙の意向）

にしたがうのみと発言したのを受けて、孝謙は大炊の名をあげ、群臣の意向をたずねた。群臣は「勅《ちょく》命」に服し、大炊の立太子が決まった。

③孝謙はさらに勅して、先帝遺詔による道祖皇太子を廃して大炊を立てるにあたっては、「三宝《さんぼう》に乞《こ》い、神明《しんめい》に禱《いの》りて、政《まつりごと》の善悪《よしあし》・徴験《しるし》を示」すようにと願ったところ、「天下太平」の四文字が出現する「貴瑞《きずい》」があったとして、天下に大赦《たいしゃ》した。

廃太子にあたって孝謙が群臣に示した「先帝遺詔」の内容は、孝謙がのちに語ったところによれば（天平宝字八年〔七六四〕一〇月条・神護慶雲《じんごけいうん》三年〔七六九〕一〇月乙未《きのとひつじ》条）、「王を奴《やっこ》となすとも、奴を王と云うとも汝《なんじ》〔孝謙〕の為《せ》むまにまに」「朕《われ》〔聖武〕が立てて在る人というとも……改《か》えて立てんことは心のまにまに」という、次期皇位決定の全権を孝謙に委ねるというものだった。現帝孝謙の意志は、群臣が諸王のなかから〝えらぶ〟という従来の慣行を尊重した手順を経た上で、先帝聖武の「遺詔」による孝謙への全権委任という後押しがあって、初めて群臣に受け入れられた。そこにさらに、仏も神も承認しているという言い訳までもが必要だったのである。

新たに皇太子となった大炊は、これ以前にすでに仲麻呂邸にあり、立太子決定の日にそこから宮中に迎えられた。また「天下太平」文字の出現は廃太子に先だつ三月二〇日で、二二日には親王と群臣を召してそれを見せている。道祖廃太子～大炊立太子は、実際には光明皇太后と仲麻呂の意向を踏まえて周到に準備されたものだったろう。しかしそれを実現するためには、〝先帝意志による現帝への全権委任〟が、群臣を抑える切り札として持ち出された。聖武の遺志は、群臣の多くにとって尊重すべき拠りどころだったのである。

律令国家君主の権威が確立したかにみえる八世紀半ばにおいても、群臣が次を〝えらぶ〟システムは依然として伏在していた。皇太子制の定着後は、誰を皇太子にするかをめぐって対立が激化することになる。

†群臣による他王擁立の企て

大炊立太子の三カ月後、天平宝字《ほうじ》元年（七五七）七月に橘奈良麻呂《たちばなのならまろ》らの謀反計画が発覚した。奈良麻呂は、光明の異父兄橘諸兄《もろえ》（母は橘三千代、父は美努《みぬ》王）の子である（第六章2節図11）。諸兄は、藤原四子の死後、聖武天皇と光明皇后の信任のもと太政官の首班として政治を担ったが、仲麻呂の台頭により聖武末年には失脚する。奈良麻呂らの謀反発覚は、諸兄の死の半年後である。

群臣の中にはかねてから阿倍皇太子を認めようとしない動きのあったことが、これにより明らかとなった。仲間の申し立てによると、奈良麻呂は、これに先立つ天平一七年（七四五）に聖武がしばらく病床に伏した際、皇太子としてすでに阿倍がいるのに、「なお、皇嗣《こうし》たつることなし。恐《おそ》るらくは、変《へん》あらんか」（皇位継承者がまだ決まっていない。政変が起きるだろう）と語ったという。

聖武の病気直前の同年九月四日には鈴鹿《すずか》王が亡くなり、大宝《たいほう》三年（七〇三）から刑部《おさかべ》・穂積《ほずみ》・舎人《とねり》と断続的に続いてきた知太政官事《ちだいじようかんじ》は終わりを告げた。刑部以下の三名は天武御子、鈴鹿は天武孫で長屋王の弟である。太上天皇と天皇の〝共治〟を皇族長老が補佐する体制から、臣下出身の光明皇后を中心とする新たな権力中枢形成へと時代は移行しつつあった。この時聖武は、滞在中の難波宮に天智・天武の皇孫にあたる諸王を招集した。道祖・池田・大炊・白壁《しらかべ》と、のちに皇位継承の候補に名前があがる王たちである。阿倍皇太子の存在を脅かしかねない孫王たちを集め、政治不安を取り除こうとしたのだろう（中村順昭『橘諸兄』）。

奈良麻呂は黄文《きぶみ》（長屋王の子）を立てて、大伴・佐伯などの伝統的豪族を仲間に語らおうとしたが、天平一七年の時点では計画だけに終わった。その後、譲位後の聖武が死の床にあった時にも、奈良麻呂は「他氏《ほかのうじ》の、王を立つる者あらば、吾《わ》が族《うがら》は徒《いたづら》に滅亡《ほろ》びん」（他の一族が諸王の誰かを擁立したなら、我が一族は滅びてしまう）として、他氏に先駆けて意中の王を擁立しようとしたが、これも実行にはいたらなかった。孝謙が天皇となってすでに七年、その次をどうするかをめぐっての争いである。

しかしこの時は、聖武の遺詔で道祖が皇太子とされて収まった。奈良麻呂の最後の謀反計画はその翌年、聖武の定めた道祖が廃され、藤原仲麻呂の擁する大炊立太子が実現した直後の六月に企てられた。その中で奈良麻呂は、「皇太子〔大炊〕を退け、皇太后宮〔光明〕を傾け、帝《みかど》〔孝謙〕を廃して、四王〔塩焼《しおやき》・黄文《きぶみ》・安宿《あすかべ》・道祖《ふなと》〕の中より簡《えら》び、立てて君とせん」と呼びかけた。

群臣が皇位継承者を〝えらぶ〟志向は、先帝〔聖武〕の遺詔による決定が示されると後景に退くが、先帝遺詔を踏みにじる現帝〔孝謙〕およびそれを動かす他の勢力〔光明・仲麻呂〕に対しては、他王擁立の企てとして公然化する。塩焼は廃太子道祖の兄で天武孫、黄文・安宿は長屋王の子（高市の孫で天武曾孫）である。

一連の事件はこれまで、女性忌避と関連づけて理解されてきた。しかし本書で見てきたように、男帝／女帝による統治は倭国の長年の慣行である。また日本令の「皇太子」は、中国とは異なりそもそも男女を含む総称だった。奈良麻呂の言の中にも、〝女ではなく男を皇位に〟という意志を示す言葉はない。長屋王の遺児（母は不比等の娘）がくり返し擁立されることをみれば、王権中枢による〝草壁嫡系〟の選択自体が、当時の貴族の考える皇位継承理念に照らして疑念の対象だったとみるべきではないか。

のちに重祚《ちょうそ》後の称徳《しょうとく》が、元正の群臣への遺詔を引いて述べたように（神護慶雲三年〔七六九〕一〇月一日詔）、「王等は己《おの》が得《う》ましじき帝《みかど》の尊き宝位《みくらい》を望み求め……臣等は己《おの》がひきひき是《これ》に託《つ》き彼に依《よ》りつつ頑《かたくな》に无礼《いやな》き心を念《おも》いて横《よこしま》の謀《はかりごと》を構《かま》う」（諸王は得られないはずの帝位につくことを望み、群臣はあれこれの王を擁立して謀反を企てる）のが、八世紀の王権をめぐる状況だった。それが数々の政変を引き起こし、孝謙＝称徳は、群臣が他の王を〝えらぶ〟動きと向き合い、戦い続けねばならなかったのである。

淳仁即位から廃帝まで

大炊立太子の翌年宝字二年（七五八）八月朔日《さくじつ》に、孝謙は大炊に譲位した（淳仁）。同日に、百官と僧綱《そうごう》（僧尼《そうに》の統括機関）が上表して、孝謙に「上台《じょうだい》」、光明に「中台《ちゅうだい》」の尊号を奉呈した。「上台」は天子の居処、「中台」は尚書省《しょうしょしょう》を指し、則天武后の時代を中心とする唐の用語に由来する（瀧川政次郎「紫微中台考」）。百官を代表して紫微《しび》内相《ないしょう》仲麻呂は、「皇嗣」（道祖）を廃したことによる人心の動揺にも触れつつ、「皇太后」（光明）が「顧命《こめい》」（聖武遺詔）を受けて「皇緒」（大炊）を議《はか》り定めたと、改めて淳仁即位の正当性を述べた。その上で「上台」＝孝謙に宝字称徳孝謙皇帝《ほうじしょうとくこうけん》、「中台」＝光明に天平応真仁正皇太后《てんぴょうおうしんにんしょう》の称号を奉《たてまつ》り、僧綱も二人の徳を称えた。淳仁を擁する仲麻呂の権力は、光明皇太后の権威を最大の拠りどころとするものだったのである。

この数日後には、故聖武に「勝宝感神聖武皇帝《しょうほうかんじんしょうむ》」の尊号と「天璽国押開豊桜彦《あめしるしくにおしはらきとよさくらひこの》尊《みこと》」の諡号《しごう》を奉り、同時に、「日並知皇子命《ひなみしみこのみこと》」（草壁）に「岡宮御宇天皇《おかみやにあめのしたしらすめらみこと》」との追《つい》号《ごう》がなされた。草壁を称揚することは、息子文武の立太子と前後して始まり、元明即位宣命において「皇太子」と明言され、ここに至って遂に「天皇」の追号を得たのである。

〝草壁嫡系〟としての孝謙の権威を高める目的であることは、いうまでもない。

淳仁即位直後に展開されたこれらの動きからは、逆に、道祖廃太子〜大炊立太子に不満を抱く群臣が少なくなかったこと、奈良麻呂の謀反計画はその氷山の一角に過ぎないことがみえてこよう。一連の尊号奉呈は、それを抑え込もうとする王権中枢側の対応である。

譲位の時点で孝謙は四一歳、治世は一〇年を経ていた。持統・元明・元正と、これまでの太上天皇は譲位後も尊長の立場で天皇を教導し、〝共治〟するのが慣わしだった。しかし孝謙の場合には、母光明皇太后が尊長として厳然として存在し、紫微中台《しびちゅうだい》を拠点に甥の仲麻呂を手足として権力を行使していた。孝謙は、太上天皇になってもこれまで通り、母光明の教導下にあるしかなかったのである。譲位は、孝謙の意に添うものではなかったと推定される。

翌天平宝字三年（七五九）六月、淳仁の父舎人《とねり》（天武の子）を天皇として「崇道尽敬皇帝《すどうじんきょう》」

と追称し、母当麻《たいま》夫人は「大夫人《だいぶにん》」、兄弟姉妹はすべて「親王」とされた。孝謙は淳仁にこれを辞退するよう再三促したが、光明皇太后の強い勧めにより押し切られた。淳仁の権威を高めることはもちろん仲麻呂の意向に添うものだが、藤原氏の後見による天皇が続くことは、光明自身の願いでもあったのだろう。孝謙のなかに反発と憤りが募りつつあったことは間違いあるまい。

天平宝字四年（七六〇）六月に光明が没し、ようやく自立した権力者の立場を得た孝謙は、仲麻呂（恵美押勝《えみのおしかつ》）・淳仁と対立するに至る。後ろ盾の光明皇太后を失った仲麻呂は、強権政治をさらに進めて群臣の反発を招き、失速の度を強めていった。

恭仁宮～紫香楽宮で作り出された二つの〝内裏〟の併存する形は、平城宮内でも「中宮」（天皇宮）と「西宮」（太上天皇宮）として定着した。だが平城宮の大規模改修中は、淳仁と孝謙は保良宮《ほらのみや》で同居していた。その間に両者の対立は決定的となったらしい。保良宮から戻った淳仁は中宮院に、孝謙は分かれて法華寺《ほっけじ》に入った。同六年（七六二）六月、孝謙は出家して「仏弟子《ぶつでし》」となった上で、権力確立に向けて重大な一歩を踏み出す。

六月三日、五位以上を朝堂に召集した孝謙は、「岡宮御宇天皇《おかみやにあめのしたしらす》（草壁）の日嗣《ひつぎ》は、かくて絶えなんとす。女子《おなご》の継《つ》ぎには在れども嗣《つ》がしめん」との母光明の御命《おおみこと》により天下の政を行ってきたと、自らの統治権行使の根拠が〝草壁嫡系＋（先帝聖武の委任を受けた）皇太后の意志〟にあることを示した。さらに保良《ほら》宮滞在中の淳仁の無礼を激しく責め、「常の祀《まつり》と小事」は今帝《きんてい》（淳仁）が行え、「国家の大事賞罰」は自分が掌握すると、臣下の前で宣言した。ここでいう「国家の大事」には軍事も含まれる。

こうして孝謙と淳仁・押勝（仲麻呂）の対立が深まるなか、天平宝字八年（七六四）九月、押勝の逆謀が発覚する。天皇大権の行使に必要な鈴《れい》・印《いん》の争奪をめぐる宮中での交戦、近江での激しい戦闘を経て、孝謙側が勝利した。かつて皇太子学士として阿倍（孝謙）の信任を得た吉備真備が、内裏に召されて軍略をめぐらし、短時日での押勝誅滅《ちゅうめつ》に導いた。乱の平定後、真備は中衛大将《ちゅうえたいしょう》に任じられた（宝亀元年一〇月丙申《ひのえさる》条、同六年一〇月真備薨伝《こうでん》）。

押勝は塩焼《しおやき》（廃太子道祖《ふなど》の兄）を「今帝《きんてい》」に立て北陸に逃れようとしたが、群臣の多くは孝謙太上天皇の側についたのである。平城宮「中宮院」にあった淳仁は、孝謙の使わした兵に取り囲まれ、廃帝＝「大炊親王」として淡路国に送られた。

3　道鏡擁立構想とその破綻

†重祚と皇太子不在

淳仁を廃したのち、孝謙は重祚した（称徳）。孝謙／称徳という天皇名は、孝謙太上天皇に奉呈された尊号「宝字称徳孝謙皇帝」の「孝謙」と「称徳」を重祚の前後に振り分けた後世の呼び方で、『続日本紀』では称徳は「高野天皇《たかののすめらみこと》」と記される（高野は陵地名）。「重祚」の語義は、「一度退位した天皇が再び位に即くこと」（『国史大辞典』）とされる。しかし『続日本紀』には、孝謙太上天皇が再度即位したことを明記する記事はない。天平宝字九年一一月の大嘗《おおなめ》に際して、「是《これ》より先、廃帝《はいてい》、既に淡路《あわじ》に遷《うつ》れり。天皇、重ねて万機《ばんき》に臨《のぞ》む」とみえるだけである。太上天皇として現帝淳仁を廃した時点で、それまでの〝共治〟が解消され、孝謙が単独で「天《あま》つ日《ひ》継《つぎ》の位《くらい》」（皇位）を占めたことが、「重ねて万機に臨む」ということなのではないか。「譲位」は七世紀半ばの皇極に始まる。それも含めて八世紀までの「譲位」を、後世の「退位」の概念で捉えては誤る。太上天皇の歴史はその後も長く続くが、いわゆる「重祚」はこの時期だけの特色なのである（皇極＝斉明と孝謙＝称徳）。二人の君主の〝共治〟による王権への権力集中という、この時期独特のシステムに捻《ねじ》れが生じた時、「重祚」という現象につながったとみられる。

母―子などの親密関係にない太上天皇と天皇の〝共治〟は、かつての皇極（皇祖母尊）と弟孝徳の対立と同様に、譲位した側の強権発動であっけなく破綻した。淳仁を淡路《あわじ》に幽閉した称徳は、先帝（聖武）が天下を朕《われ》に授け、「王を奴《やっこ》となすとも、奴を王と云《い》うとも、汝《なんじ》の為《せ》むまにまに」と全権委任したのだからと、廃帝の正当性を主張し（天平宝字八年〔七六四〕一〇月壬申《みずのえさる》条）、群臣はそれを受け入れるしかなかった。

その数日後、称徳は、「天つ日継《あまひつぎ》の位を朕《あれ》一人貪《むさぼ》りて後《のち》の継《つぎ》を定めじとにはあらず」（皇位を独占して後継者を決めないつもりではない）としつつも、「天のゆるして授けむ人」を見定めるまで皇太子は決めないと宣言した（同年一〇月丁丑《ひのとうし》条）。四七歳になった称徳は、皇位についてどのような構想を抱いていたのだろうか。

古代には、血縁の「生みの子」とは区別して、代々の地位継承者を「祖《おや》のコ」とみなす「オヤコ」観があった（義江明子『古代王権論』）。この観念に照らすと、代々の皇位継承者は、実際の血縁関係にかかわりなく、前代からみれば「コ」である。元正が甥の聖武を「我が子／朕《わ／あ》が子」と呼び（神亀元年二月甲午《きのえうま》条他）、光明も淳仁を「吾《わ》が子」とする（天平宝字三年六月庚戌《かのえいぬ》条）のは、この観念による。後世の養子のような親子関係の擬制を必要としない、地位継承にかかわる古代独自のオヤコ観であり、九世紀には次第に消えていく。

こうした継承観のもと、聖武・光明の構想によれば、孝謙と淳仁はともに二人の「コ」の位置にあり、一体的に統治にあたるはずだった。母光明の死後、権力者として自立しようとした称徳は、武力行使でその構想を激しく拒否したのである。称徳には、すでに異なる皇位観が芽生えつつあった。

†「法王」道鏡との共同統治

立太子以来、様々に意中の王を立てようとする群臣の動きと戦い続けてきた孝謙＝称徳が、自らの皇権を維持するためには、血縁を超える統治理念が必要だった。「日《ひ》並知《なみし》皇子《みこの》尊《みこと》の日嗣」という草壁嫡系血統を誇示するだけでは、他の天武系諸皇子／孫の方により正統性があるのではないかとする群臣の疑念は克服できない。くり返される謀反計画と向き合うなかで、称徳はそれを痛いほど思い知らされていたことだろう。

出家して尼《あま》となっていた孝謙は、押勝《おしかつ》（仲麻呂）が近江で敗死した直後に、梵網経《ぼんもうきょう》を典拠に、出家しても統治に差し支えはないと宣言した。ついで、「帝《みかど》の出家《いえで》しています世には、出家して在《あ》る大臣《おおまえつきみ》も在るべし」として、かねてから心服していた高僧道鏡《どうきょう》に、「大臣禅師」の位を授けた（天平宝字八年〔七六四〕九月甲寅《きのえとら》詔）。仏法を軸とする統治へ向けて、具体的な第一歩を踏み出したのである。

皇太子を当分定めないとしたのちも、思い思いに諸王を立てようとする群臣の動きはやまず、淡路にいる廃帝の復位をもくろむ者もいた。天平神護《てんぴょうじんご》元年〔七六五〕三月、こうした動きを厳しく戒《いまし》めた称徳は、皇太子の位は天地《あめつち》の授けるものであり、その「明《あきら》けき奇《くす》しき徴《しるし》」の現れるのを自分は待つ、とした（丙申《ひのえさる》詔）。同月末に、逃亡をはかった廃帝が淡路で没して復位の芽はつまれたが、血統的正統性の競い合いは称徳を脅かし続けた。「聖武皇帝の皇子」を自称する者が出現し、流罪《るざい》に処せられるという事件すら起きた（天平神護二年〔七六六〕四月庚寅《かのえとら》条）。

そうした中、天平神護元年閏《うるう》一〇月には、世俗の太政大臣に匹敵するものとして「太政大臣禅師」の位《くらい》を「朕《わ》が師」道鏡に授け、文武百官に拝賀《はいが》させた。一一月の践祚《せんそ》大嘗《おおなめ》にあたって称徳は、仏弟子として菩薩戒《ぼさつかい》を受けた身であるから常の大嘗とは異なるとして、まず三宝《さんぼう》（仏・法・僧）に供奉《つか》え、次に天社《あまつやしろ》・国社《くにつやしろ》の神々を拝す、と詔した（一一月庚辰《かのえたつ》条）。自らの統治の根源に仏法を置き、太政大臣禅師道鏡がそれを導く体制である。

二〇〇四年に、平城宮中央区第一次大極殿院《だいごくでんいん》の南門前で称徳の大嘗宮の遺構が確認され、称徳の居宮「西宮」は大極殿の跡地にあったことが確定した。

そして翌二年（七六七）一〇月には、仏舎利《ぶつしゃり》出現の奇瑞《きずい》を、太政大臣禅師の教導の賜物だとして、「朕が大師」道鏡に「法王」の位を授けた（一〇月壬寅《みずのえとら》条）。「明《あき》けき奇《くす》しき徴《しるし》」の出現を待つとした前年三月の詔がこのための伏線だったとすれば、皇太子を定めず、道鏡を導き手とする共同統治の実現をめざす称徳の構想は、その頃から明確に固まっていたということになろう。

法王の月料《げつりよう》（毎月の食料）は天皇の供御《くご》に準じるものとされ（天平神護二年〔七六六〕一〇月

乙巳条《きのとみ》）、翌神護景雲《じんごけいうん》元年には、法王宮職《ほうおうぐうしき》が置かれた（三月己巳条《つちのとみ》）。皇后のための中宮職、皇太子のための東宮職に準じる規模の、道鏡のための公的家政機関である（瀧川政次郎「法王と法王宮職」）。

道鏡の「法王宮」は、「西宮」（称徳の居宮）の「前殿」にあり、称徳は「法王宮」に出御《しゆつぎよ》して道鏡とともに群臣に臨んだ（神護景雲三年正月丙子《ひのえね》条）。かつて天皇宮と太上天皇宮が平城宮内で並存した形が、尼天皇と法王の間で師弟の親密関係をもって、仏法を基軸とする国家構想と結びついて再現されたのである。

これらのことはややもすると、〝愛に狂った女帝の逸脱〟とみられてきた。しかし、称徳にとって道鏡は、一貫して仏法を広める上での「己《おの》が師」だった。「法王」とは、仏法を守護する王のことである。仏教による国家統合は父聖武の政策の継承であり、長期的にみれば、遣隋使以来の倭国の基本路線でもある。道鏡との共同統治の構想は、その延長上にある。これが、群臣の関与を乗り越えて皇権を確立しようとする称徳の強い思いと結びつき、擁立を企図するに至ったのだろう。だが、神護景雲三年（七六九）七月に和気清麻呂《わけのきよまろ》がもたらした宇佐《うさ》八幡《はちまん》の神託（に示された群臣の抵抗）により、道鏡を皇位につけることは阻まれた。称徳の構想は、半ばで挫折したのである。

その後、宝亀元年（七七〇）四月頃から称徳は病床に伏し、信頼厚い女官典蔵《くらのすけ》従三位吉備由利《ゆり》（吉備真備の娘／妹）が寝所に出入りして奏言《そうごん》を伝えた。同年七月に称徳が崩《ほう》じて高《たか》野山陵《ののさんりょう》に葬られると、道鏡は陵の側で見守ろうとした。しかし、皇位をうかがう奸謀《かんぼう》が発覚したとして、造下野国薬師寺別当《ぞうしもつけのくにやくしじべっとう》に任じられ、即日、任地に送られた（宝亀元年八月丙午《ひのえうま》条）。事実上の流罪《るざい》である。同三年（七七二）四月に下野で没すると、ただの庶人《しょじん》として葬られた。『続日本紀』は皇位簒奪《さんだつ》をはかった悪人として道鏡を描くが、擁立構想を積極的に推進したのは称徳とみるべきだろう。

†熟年男性官人の即位

宝亀《ほうき》元年（七七〇）七月、称徳は「西宮」で没した（五三歳）。左大臣藤原永手《ながて》以下の議政官は「策を禁中に定め」、天智の孫にあたる白壁王《しらかべ》を皇太子に立てた（即位して光仁《こうにん》）。中納言・大納言を歴任した白壁は、時に六二歳だった。諸王中の長老であり祖父天智の功もあるので太子とする、との称徳の「遺宣《いせん》」が永手《ながて》によって示された（同年八月癸巳《みずのとみ》条）。称徳が本当に「遺宣」を残したのかどうかはわからない。「天のゆるして授《さず》けむ人」を自ら選ぼうとして挫折した称徳は、群臣が意中の王を〝えらぶ〟にまかせるしかなかったのではないだろうか。三二歳で即位し、太上天皇の期間も含めて二〇年間君主の地位にあった孝謙＝称徳の言葉は、仮託であったとしても重みを持ち、群臣は高齢の光仁《こうにん》のもとに結集したのである。

白壁が選ばれたのは、孝謙＝称徳の異母妹井上《いのえ》（母は県犬養広刀自《あがたいぬかいひろとじ》）との間に他戸王《おさべ》を儲けていたことが大きい。井上は光仁即位の直後に立后し、他戸は翌年に一一歳で皇太子に立てられた。女系で聖武の血統につらなる他戸皇太子の存在は、群臣の動揺を鎮めるのに有効だっただろう。相次ぐ謀反／陰謀事件で、天武系諸王はほとんど政界から姿を消していた（第六章2節図11）。

しかし立太子のわずか一年後、宝亀三年（七七二）に井上と他戸は謀反の罪で廃され、幽閉ののち死に追いやられた。翌年、異母兄の山部《やまべ》（母は渡来系の高野新笠《たかののにいがさ》）が皇太子となる。三四歳の山部は立太子の時まで中務卿《なかつかさきょう》の職にあり、天応《てんおう》元年（七八一）に高齢の光仁が病により譲位した時には、四五歳になっていた（桓武）。

白壁も山部も、長らく傍系王族の立場にあり、壮年になるまで官人としての経歴を経てきた男性である。八世紀初頭の律令国家成立により官人社会が中国的父系原理で編成されたのちも、皇位継承については従来の双系的血統観に沿って女帝の存在が令文に明記され、「女帝の子」も「親王」とすることで、女系継承が想定されてきた。しかし、新たに導入された父系原理は次第に官人社会に浸透していった。孝謙＝称徳はそれまでの女帝とは異なり、自らが女性であることの限界を自覚するようになっていたらしい（勝浦令子『孝謙・

称徳天皇』)。官人出身の白壁・山部が八世紀末に相次いで即位したことは、官人社会に導入された父系理念が王権中枢にも及ぶ直接のきっかけとなったのではないだろうか。また、熟年男性の即位は、七世紀末の持統太上天皇以来続いてきた、長老女性による後見のシステムを不要のものとした。

皇緒観念の確立

こうして、古代女帝の歴史は称徳で終わり、以後は、聖武の血統を離れた天智系皇統が、兄弟継承と父子継承を組み合わせた形で続いていくことになる。しかし、近江に敗走中の押勝(仲麻呂)が息子たちに三品《さんぼん》の位を与えて親王に擬《なぞら》えたように(天平宝字八年九月壬子《みずのえね》条)、八世紀後半に至るまで、皇位世襲の観念は必ずしも自明のこととして確立していたわけではなかった。押勝のような天皇観をさらに一歩進めたところに、道鏡擁立構想があり得たともいえる(岸俊男『藤原仲麻呂』)。

だからこそ、多くの混乱を経験した群臣は、「我が国家《くに》開闢《ひら》けて以来《このかた》、君臣定まりぬ。臣《しん》を以《もち》て君《きみ》とするは、未《いま》だ有らず。天《あま》つ日継《ひつぎ》は必ず皇緒《こうちょ》を立てよ。无道《むどう》の人は早《すみやか》に掃《はら》い除《のぞ》くべし」との宇佐八幡の言葉に託して、この擁立構想をぎりぎりのところで阻止した。これにより、皇位は「皇緒《こうちょ》」(天皇の血統)による世襲であること、すなわち、臣が君にとって代わってはならないことが、支配層の共同合意として確認された。六世紀に始まる世襲王権は、長い紆余曲折を経て明確な規範となった確立したのである。『日本書紀』の記す神武以来連綿と続く万世一系の皇統は、その時点ではまだ理念＝フィクションに過ぎなかったが、ここに至って支配層の承認する〝史実〟となり、定着した。

しかし、神託にいう「皇緒」（天皇の血統）は、女性を排除するものではなかったことに注意しなければならない。聖武の娘井上《いのえ》には即位の可能性があり、それ故に息子他戸《おさべ》とともに、山部（桓武《かんむ》）らによって排除されねばならなかった。その後も女帝の即位が検討されることはあり（平安末の八条院暲子《しょうし》）、中世王朝物語にも女帝の治世が当然のように描かれる（荒木敏夫「中世の女帝像」）。近世には、古代とは全く異なる社会情勢のもとでだが、実際に二人の女帝（明正《めいしょう》・後桜町《ごさくらまち》）が立てられた。制度的排除はもちろん女帝忌避の観念も、前近代には存在しなかったことが知られよう。

終章　国母と摂関の時代へ向けて

†後宮の成立と皇后・キサキの変容

本書で何度か述べてきたように、そもそもキサキの宮は大王宮とは別のところにあり、経営も別々に行われていた。出身氏族／王族の拠点に営まれた宮（ヤケ＝経営機関）は、キサキとその所生子にとっての重要な権力基盤でもあった。宮に出仕する豪族たちとの人格的絆は、王位継承をめぐる争いに際して大きな意味を持ったのである。律令制の成立により八世紀初には、キサキたちは皇后・妃《ひ》・夫人《ぶにん》・嬪《ひん》に明確にランクづけられ、そのランクに応じた位と国家的給付を受け、御子たちの資養にあたることになった。しかしその後もキサキの宮は従来通り、天皇の居処である内裏の外にあった。私たちが『源氏物語』などを通じてお馴染みの、キサキたちが集住する平安期の後宮《こうきゅう》空間は、奈良時代にはまだ存在しなかったのである。

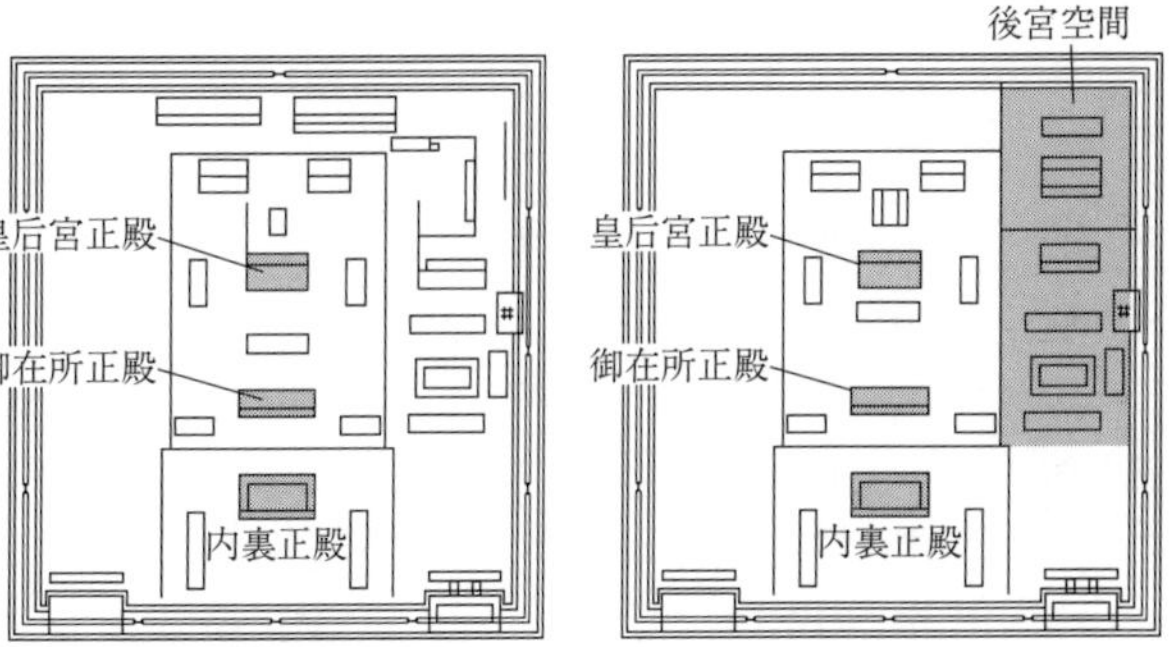

図15　平城宮内裏の遺構（後宮空間の成立）。渡辺晃宏『日本古代国家建設の舞台　平城京』（新泉社、2020年）45頁図25「内裏の遺構変遷」より作成。

八世紀前半に聖武のキサキとなった光明の宮は不比等・三千代邸の一郭にあり、そこで生まれた幼児は、ただちに皇太子に立てられた。聖武が平城宮を離れて恭仁《くに》宮にあった時にも、元正太上天皇宮が恭仁宮の内裏区画内に造営されたのに対して、光明の皇后宮は外に設けられ、聖武はそこに行幸している（第六章3節）。

こうした状況は、称徳が没したあと、大きく変わる。平城宮跡の発掘成果によると、天皇と太上天皇の御在所《ございしょ》しかなかった内裏内に皇后宮が出現するのは、光仁《こうにん》（七七〇〜）の皇后井上《いのえ》の時である。ついで息子桓武《かんむ》（七八一〜）の時に、皇后以外のキサキたちの後宮殿舎が設けられた（図15）。のちの平安宮内裏の原型——天皇と后妃が内裏に集住する形態——が成立し、桓武の子の嵯峨《さが》（八〇九〜）の時に、それが内裏の構造として固定した（橋本義則「平安宮内裏の成立過程」）。キサキたちは六世紀以来長らく、王族／貴族／豪族女性として自分自身のミヤ／ヤケを経営してきた。その独立性の基盤がここに至って失われたのである。

並行して、皇后のあり方も変化した。光仁の井上皇后（聖武の娘、称徳の異母妹）が謀反事件で廃されたあと、次の桓武は酒人《さかひと》と異母兄妹婚をするものの、皇后となったのは藤原良継《よしつぐ》の娘乙牟漏《おとむろ》（平城・嵯峨の母）である。息子の平城《へいぜい》も、朝原《あさはら》・大宅《おおやけ》の二人と異母兄妹婚をするが、皇后は立てなかった。平城の弟の嵯峨《さが》は、高津《たかつ》と異母兄妹婚をする一方で、様々な氏族出身のキサキも多く、皇后にはその中から橘嘉智子《たちばなのかちこ》（奈良麻呂の孫、仁明《にんみよう》・正子《まさこ》の母）が立てられた（図16）。この頃から平安時代的な女御《にようご》・更衣《こうい》の称がみえ始め、令制キサキの称号は消えていく。

新たな皇統を築こうとした光仁・桓武・平城の父子三代が、女系を通じて先帝聖武につながる異母兄妹婚を重ねたのは、双系的皇統観の名残を示すともいえよう。しかし、かつての推古〜元明の頃のような自らの権力基盤を持たない彼女らは、もはや女帝となり得る存在ではなかった。

平城の弟嵯峨に至り、次に述べる太上天皇制の再編ともあいまって、嵯峨太上天皇を家父長とする新たな権威と皇統が築かれていく。嵯峨の次に立った弟淳和《じゅんな》の皇后正子《まさこ》は、嵯

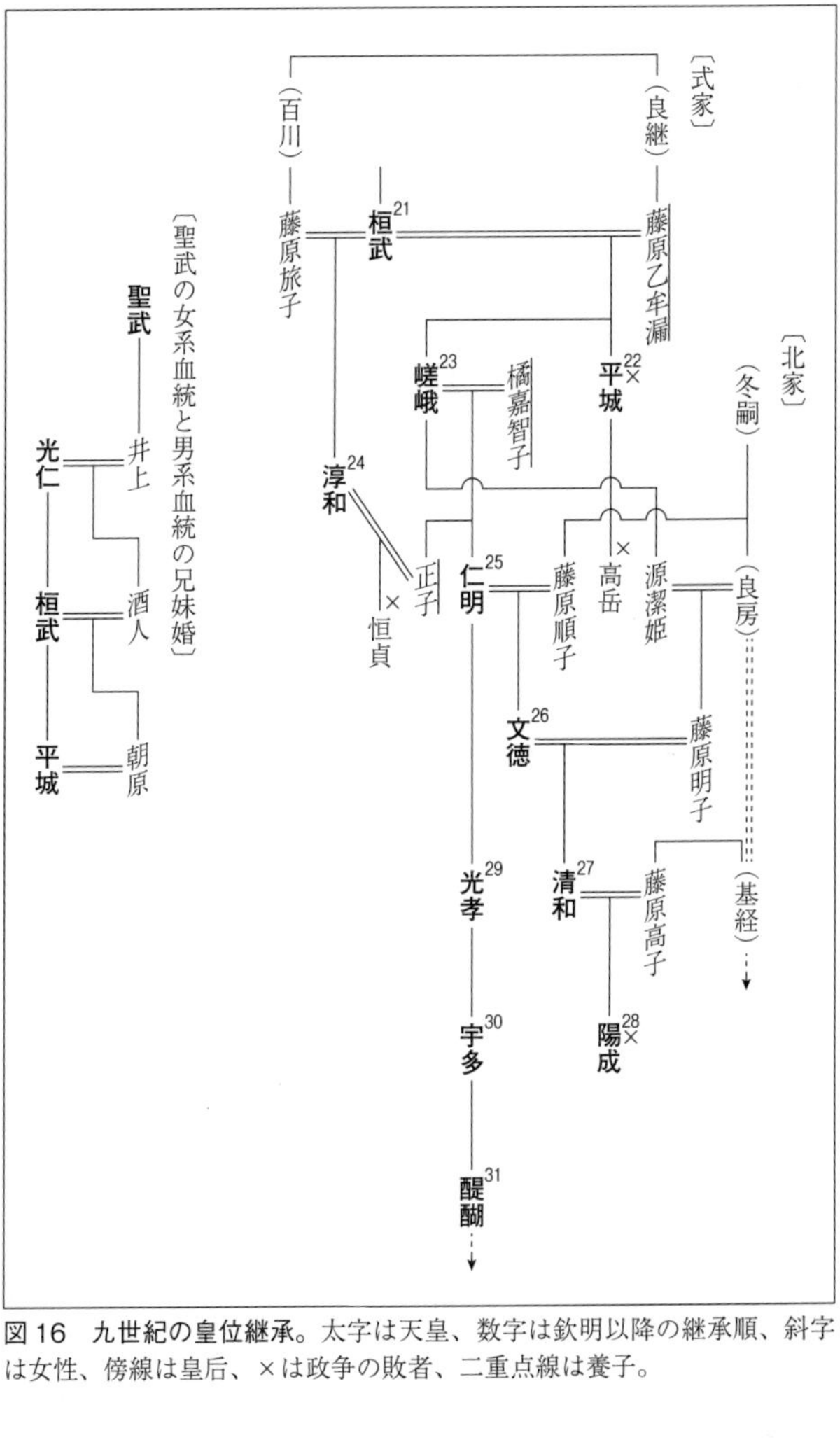

図16　九世紀の皇位継承。太字は天皇、数字は欽明以降の継承順、斜字は女性、傍線は皇后、×は政争の敗者、二重点線は養子。

峨と嘉智子《かちこ》の娘である。淳和が甥の仁明《にんみょう》に譲位すると、正子の息子恒貞《つねさだ》が皇太子に立った。正子と仁明は同母姉弟で、同年の生まれである。血統と年齢からいえば正子は、女帝即位の可能性も秘めた重要な位置にあったといってよい。しかし、夫淳和と父嵯峨が相次いで没した直後に承和《じょうわ》の変（承和九年〔八四二〕）が起き、恒貞《つねさだ》が廃されて、正子が権力者となる芽はつまれた。主導したのは太皇太后嘉智子と藤原良房《よしふさ》である。新たな皇太子には、仁明の子道康《みちやす》（即位して文徳《もんとく》）が立てられた。道康の母順子は良房の妹である。

正子以後は、延長《えんちょう》元年（九二三）に藤原穏子《おんし》（基経《もとつね》娘、朱雀《すざく》・村上《むらかみ》母）が中宮となるまで、皇后不在が続く。女系皇統・女帝即位につながりかねない「内親王皇后」を忌避し、その可能性のない「臣下皇后」を選択して、官僚制と有力臣下（外戚）の補弼で支えられる王権構造が、九世紀を通じて形成されていったのである（仁藤智子「平安初期の王権」）。

†太上天皇制の再編

桓武没後の王権構造の変化をみていこう。大同四年（八〇九）四月、桓武の息子平城《へいぜい》は病により皇太弟に譲位した（嵯峨）。時に平城は三六歳、嵯峨は二二歳である。太上天皇となった平城は、平安宮内の処々を転々としたあと、同年一二月に旧宮平城宮に遷り太上天皇宮を営んだ。ところがその後、嵯峨が病に伏す一方で、平城は回復し、統治意欲を高める。その結果、諸司の官人は平安宮の天皇と平城宮の太上天皇に「分局」して奉仕することになり、「二所朝廷《にしよちようてい》」の様相となった。議政官《ぎじようかん》（国政審議にあたる上級貴族）も、一二名のうち中納言を筆頭とする四名が平城宮に詰めた。弘仁《こうにん》元年（八一〇）九月、平城太上天皇が平城遷都の詔を発したことをきっかけに、嵯峨天皇方との対立抗争が勃発する。東国に脱しようとして敗れた平城は、剃髪《ていはつ》して平城宮に戻った。皇太子高岳《たかおか》（平城の子）は廃されて、嵯峨の異母弟が代わって皇大弟となる（即位して淳和《じゆんな》）。

事件の経過を記す『日本後紀《にほんこうき》』は、平城の身辺にあった藤原仲成《なかなり》・薬子《くすこ》兄妹を張本人として描くが、実際は皇位をめぐる嵯峨と平城の権力闘争とみるべきだろう。こうした理解から、近年は「薬子《くすこ》の変」ではなく「平城上皇／太上天皇の変」という呼び方が定着してきている。

そもそも七世紀末～八世紀初に持統が孫の文武と「並び坐《いま》して」治めたことに始まる太上天皇制は、親密な教導関係にある太上天皇と天皇の一体的〝共治〟によって、律令体制形成期の王権強化を実現してきた。二人の君主が寄り添って同一の宮内に同居することが、〝共治〟を成り立たせる前提である。伯母―甥である元正と聖武が後年にやや隙を生じた時にも、同一宮内に天皇宮と太上天皇宮を並置する形態に移行して、破綻には至らなかった。疎遠な関係でしかない孝謙と淳仁が決定的対立に至った時には、太上天皇の側が強権を発動して、藤原仲麻呂の権力をバックとする淳仁を廃帝に追い込んだ。

平城と嵯峨の場合、同母兄弟とはいえ、壮年の二人の間に教導関係は成立しにくい。父光仁も母乙牟漏もすでに亡く、二人の関係をつなぐ絆は乏しかった。他方で、天皇の統治を支える律令官僚制が成熟し、王権中枢に二人の君主がいる必要性は薄れていたのである。退位後の平城が平安宮外に居処を求めたのは、自然の成り行きだったともいえよう。「分局」／「二所朝庭」は、こうした変化によって、当初の制度設計との矛盾が露わになった結果である。

官人たちは自分の政治的立場によって嵯峨側と平城側に分かれたわけではなく、官人として交替勤務し、それぞれの仕える場で、君主が発する詔に忠実に従ったに過ぎない（春名宏昭『平城天皇』）。

変の張本人とされた藤原薬子は、平城の側近く仕える尚侍《ないしのかみ》従三位の高位女官だった。後宮職員令《こうきゆうしきいんりよう》の定める後宮十二司《こうきゆうじゆうにし》の長官（尚＝かみ）は各一名だが、内侍司《ないしのつかさ》の長官尚侍だけは定員二名である。尚侍の職掌は「常侍《じようじ》・奏請《そうしよう》・宣伝《せんでん》」、つまり常に天皇の側にあって、臣下からの奏言を取り次ぎ、天皇の言葉を伝える重要な役目である。

尚侍《ないしのかみ》が二名なのは、令制定時に、太上天皇と天皇の〝共治〟が想定されていたためではないか。二人の君主が同一宮内に居住する限り、議政官以下の太政官組織が必要に応じて一体的に奉仕することに支障は生じない。しかし、常に最も身近にあって言葉を伝える尚侍は、それぞれに一人が必要だったと考えられるのである。天皇の食膳に奉仕する内《うちの》膳司《かしわでのつかさ》の長官（男官）である奉膳《かしわでのかみ》の定員が二名なのも、同様の事情によるのかもしれない。太上天皇のための供御《くご》の組織は存在せず、天皇と共通だった。

「平城上皇の変」は、平城が、同一宮内での〝共治〟を前提とする太上天皇のあり方を自覚することなく、遠く離れた別宮に遷っても従来通りに太政官の奉仕を受け、天皇とは別個に君主としての権能を行使しようとしたところに発した。この変を契機に、令外《りょうげ》の職である蔵人頭《くろうどのとう》が天皇側近として重要事項の取り次ぎを担う体制が拡充していき、内侍司の政治的重要性は低下する。

弘仁《こうにん》一四年（八二三）に異母弟淳和に譲位した嵯峨は、皇后橘嘉智子《たちばなのかちこ》とともに内裏外に去り、後院《ごいん》を営んだ。それまでの天皇が譲位と同時に自動的に太上天皇と称せられたのとは異なり、嵯峨は新天皇淳和から太上天皇の宣下《せんげ》を受けて、「太上天皇」となった（筧敏生「太上天皇尊号宣下制の成立」）。国家の君主権は天皇一人に属することが明確化され、以後の太上天皇は父の権威により子の天皇に臨むようになる。

以後、皇位継承は皇太子の廃立をめぐって争われることとなり、有力外戚が立太子を後押しし、即位後の天皇を支えるシステムが築かれていく。

皇位継承観の変化という意味で重要な画期の一つとなったのが、さきに述べた承和《じょうわ》の変（八四二年）後の恒貞《つねさだ》廃太子に続く道康《みちやす》立太子である。道康は元服したばかりの一六歳だった。父の仁明は、自分の子は「賢明」ではないので「神授《しんじゅ》の英徽《えいき》」（神霊から才能を授かった優秀な者）を選ぶべきだとし、議政官に意見を求めた。

それに対して議政官たちは、道康の「系は正統」に当たるとして、「豈《あ》に宸方《しんぽう》の元長《げんちょう》を棄てて、藩屏《はんぺい》の諸王を択《えら》ぶや」（どうして正統な嫡子を棄てて傍系の諸皇子を選んでよいものでしょうか）と上表し、道康（文徳《もんとく》）を推挙した（『続日本後紀』承和九年八月）。資質よりも血統を優先するべきことが（上級貴族総体の意向として）明確化され、皇位における直系継承原理が確立した。成人天皇を資質によって〝えらぶ〟奈良時代までの仕組みは、理念として否定されたのである。これが文徳の次の代での、幼帝清和と外戚摂政の新たな体制につながっていく（神谷正昌『清和天皇』）。

†母后と摂政

初代の蔵人頭となった藤原冬嗣《ふゆつぐ》は、嵯峨・淳和に仕えて左大臣にまで至り、天長三年（八二六）に没した。妻の藤原美都子《みつこ》（良房・順子の母）は、尚侍として同じく嵯峨・淳和の側近くにあり、女官を差配した。嵯峨の時に、皇子女への源氏賜姓《しせい》が始まる。良房の妻は、

嵯峨の娘 源 潔姫《みなもとのきよひめ》である。令の規定では、臣下は五世（天皇から数えて五世代目）以下の皇族女子との婚姻しか許されていなかった（継嗣令王娶親王条）。桓武の時に、藤原氏だけは特別に二世以下との婚姻が許される（『日本紀略』延暦一二年〔七九三〕九月丙戌《ひのえいぬ》条）。それでも、臣下に降《くだ》ったとはいえ一世の潔姫との婚姻は、異例のことといってよい。天皇を支える身内的イエとして、良房流（北家《ほっけ》）は貴族社会における特別の地位を築いていくのである。

良房の同母妹順子《じゅんし》は仁明《にんみょう》の女御、文徳《もんとく》の母で、娘の明子《めいし》は文徳の女御《にょうご》、清和《せいわ》の母である。つまり清和は、女系と男系のどちらをたどっても嵯峨の曾孫《ひまご》にあたる（図16）。清和（惟仁《これひと》）は嘉祥《かしょう》三年（八五〇）、文徳即位にともない生後九カ月で皇太子となり、天安《てんあん》二年（八五八）に文徳が没すると、九歳で即位した。史上初の幼帝である。祖母である皇太后順子が幼い天皇と同じ輿《こし》に乗り、仮内裏に入った。

貞観六年（八六四）に清和が元服すると、母明子が皇太后となり、貞観八年（八六六）には後宮正殿である常寧殿《じょうねいでん》に入り、内裏内での清和との同居が始まる（『三代実録』貞観八年一一月一七日条）。嵯峨以降、太上天皇が内裏内に居住することはなくなったが、代わって皇后不在のこの期間は、皇太后による後宮支配が行われたのである（西野悠紀子「中宮論」）。天皇の母／祖母が皇太后としての身位を得て皇権の一部を担い、内裏内で天皇を擁護する態勢が作られていった。王権の安定化をはかるために創出されたシステムである（東海林亜矢子「母后の内裏居住と王権」）。

清和の外祖父太政大臣良房は、貞観八年（八六六）の応天門《おうてんもん》の変後、勅《ちょく》により「天下の政《まつりごと》を摂行《せっこう》」する。臣下による摂政の始まりとされる。注目すべきことに良房は、娘明子の皇太后宮職が置かれた大内裏内職御曹司《しきのみぞうし》に自分の直蘆《じきろ》（執務所）を持った。のち延長元年（九二三）、基経の娘穏子《おんし》が醍醐《だいご》の中宮となる。約一〇〇年ぶりの立后である。穏子は朱《す》雀《ざく》・村上の母として内裏内にあり、摂政である兄忠平《ただひら》は内裏後宮の殿舎に直蘆《じきろ》を置いた。のち一〇世紀末の兼家《かねいえ》～道長の時代には、摂関の執務空間は内裏直蘆に固定する（吉川真司「摂関政治の転成」）。摂関政治の成立には、母后の内裏居住とその政治的権能が深く関わっていたのである（古瀬奈津子「摂関政治成立の歴史的意義」、服藤早苗「九世紀の天皇と国母」）。

以上のように、キサキの独立性喪失と内裏後宮空間の成立、内親王皇后から臣下皇后へ、太上天皇制のあらたな制度設計、資質より直系血統を重視する皇位継承観の確立と幼帝の出現、母后の内裏居住による幼帝補佐と外戚摂関の内裏内直蘆成立、といった九世紀から十世紀にかけての動きは、相互に密接に関わりあいながら展開したことがみてとれよう。

こうして、かつての王権と群臣の相互依存関係とは異なる、君主権を確立した天皇とそこに密着する母后・摂関が構成する王権中枢と、貴族官人とのあらたな相互依存関係が、システムとして構築されていく。

†王権中枢における女性の位相の変化

最後に王権中枢を構成する女性のあり方がどのように変化したのか、巨視的に振り返っておきたい。

六世紀の世襲王権成立後は、王族女性が有力キサキとなり、女帝として即位もするという時代が続いた。七世紀末〜八世紀初の律令国家体制形成後も、長老女性が王権中枢に位置して国政を領導する体制は、基本的には変わらなかった。「女帝」の存在とその「子」の継承資格も、継嗣令《けいしりょう》に明記された。ただ、それまでの熟年男女の即位に代わって、熟年女性が退位後も太上天皇として年少男性を支え育成するという新たな形が生まれ、二人の君主の〝共治〟による王権強化を実現した。

他方で、律令官人制に取り込まれた父系原理は次第に貴族社会に浸透していき、官人を経た熟年男性の即位の連続、皇太子制の定着ともあいまって、古代女帝の歴史は八世紀後半に終焉を迎える。他方で、八世紀半ばには臣下出身の皇后（藤原光明子）が出現し、皇太后として王権中枢に位置を占め、権力を行使した。淳和皇后正子（嵯峨の娘）を最後に、実力を備えた内親王皇后は絶え、九世紀前半の皇太后橘嘉智子は、有力臣下と連携して直系子孫への皇位継承に道筋をつけた。その後の皇后不在期を経て、平安中期以降は、内裏内に居住する母后の幼帝後見を媒介に、藤原摂関家の権力形成が果たされていく。

近代を迎えて、王権と女性の関係は大きく転換する。明治国家は、男系男子継承を法制化して女帝即位の可能性を根本から排除する一方で、西欧的な君主夫妻のあり方をモデルに、天皇を支える近代皇后像を創出した。明治天皇の美子《はるこ》皇后も、大正天皇の節子《さだこ》皇后も、統治への公的関与は否定されつつ、それぞれに皇后として国民統合に大きな役割を果たしたのである（片野真佐子『皇后の近代』、原武史『皇后考』）。

王権中枢を構成する女性は、〝王者〟から〝母〟へ、そして〝妻〟へと、時代によってその位相を変えてきた。女帝の有無だけではなく、女性の国政関与という面からみた時の前近代と近代の落差は大きい。近代の皇后はきわめて困難な生き方を余儀なくされたといよう。

あとがき

私が古代の女帝研究に手を染めたのは、二〇〇二年の「古代女帝論の過去と現在」(『岩波講座 天皇と王権を考える7 ジェンダーと差別』岩波書店)が最初である。それまでは長年、古代の氏族構造論・系譜様式論と並行して女性史研究にとりくんできたが、女帝について検討したことはなかった。執筆依頼を受け女帝研究の蓄積と正面から向かいあってみて、先行研究のほとんどがあまりにも旧態依然たる歴史観にとらわれ、史実を無視する結果に陥っていることに愕然とした。

女帝研究に新鮮な風が吹き始めたのは、その少し前、一九九九年の荒木敏夫氏による〝性差を前提としない女帝論〟の提起(『可能性としての女帝』青木書店)以降である。それから約二〇年、私を含めて何人かの研究者によって、それまでは男性即位の間をつなぐ「中つぎ」としかみられてこなかった古代女帝について、根本的な見直しが進められた。女性を排除しない継承慣行や個々の女帝の統治実績などが明らかにされ、キサキ制研究の進展ともあいまって、女性を必須のメンバーとして含み込む日本の古代王権の特質が解明されつつあるのが、現状である。

本書ではこうした最新の学界動向をふまえ、私自身の女帝研究だけではなく、広く関連するテーマについての諸氏の研究成果をも総合して、女帝と古代王権の通史を読者に届けるべく努めた。そこで基本姿勢としたのは、史料批判の徹底である。『日本書紀』はもちろん『続日本紀《しょくにほんぎ》』についても、近代以降の価値観/思い込みによる解釈を排し、古代の史書編纂時の政治的意図や理念をも考慮しながら、一つ一つの文言を吟味していった。その結果、かつての通説的な「中つぎ」女帝とは大きく異なる古代女帝像を提示することになった。読者の忌憚のないご批判をお願いしたい。

現在、皇位の安定的継承のために女性/女系天皇容認を、という議論が盛んである。その一方で、男系男子継承は古来の〝伝統〟であるとして、旧宮家男子の皇籍復帰が検討されているとも聞く。

本書はこうした議論に直接答えようとするものではない。ただ、〝伝統〟の重要性がいわれながらも、その〝伝統〟の内容と成り立ちをほとんどの国民が知らないのではないか。これもすでに歴史学の常識ではあるが、〝伝統〟はそれぞれの時代において創られるものである。王権構造は社会の変化に応じて組み替えられ、〝伝統〟の中身も時代ごとに塗り替えられてきた。本書ではおもに六世紀〜八世紀、男帝女帝が並び立っていた時代に焦点を当てて、その社会的背景と変容の過程を明らかにしたのである。

主権者たる国民の象徴として位置づけられた現行憲法のもと、天皇／皇室のあり方も時代の要請に応じて変わり、新たな〝伝統〟が国民によって共有されていくのは当然のことである。だとすれば、ことは女帝容認の有無にとどまらないことが見えてこよう。男女の平等はもちろん、婚姻の自由、職業選択の自由といった憲法の基本理念を最大限活かす方向を、国民が皆で考えていくべきではないか。

本書は、新型コロナ感染拡大による巣ごもりの中で執筆した。ようやく書き上げた原稿を渡してまもなく、二回目の緊急事態宣言が出され、編集者の山本拓さんもテレワークとなった。拙宅に来ていただき、厳寒の季節に窓を開けて換気し、マスクをつけて斜めを向いて座り、もちろん茶菓子は無し、という状況で打ち合わせを重ねた。〝そんなこともありましたね〟と笑って話せる日が来ることを願いつつ。

二〇二一年一月

義江明子

引用参考文献

阿部　武彦　一九八四「古代族長継承の問題について」（初出一九五四）『日本古代の氏族と祭祀』吉川弘文館

荒木　敏夫　一九八五『日本古代の皇太子』〈古代史研究選書〉吉川弘文館

荒木　敏夫　二〇〇六「倭王・王妻・太子――六・七世紀倭王権の権力構造」『日本古代王権の研究』吉川弘文館

荒木　敏夫　二〇一六「中世の女帝像――『我身にたどる姫君』の女帝の比較分析」『専修人文論集』九九

石母田　正　二〇一七『日本の古代国家』（岩波文庫再刊、初刊一九七一）第一章「国家成立史における国際的契機」

伊集院葉子　二〇一六「古代女官研究の視点」『日本古代女官の研究』吉川弘文館

井上　光貞　一九八五「古代の皇太子」（初出一九六五）『井上光貞著作集』一、岩波書店

今井　堯　一九九七「古墳時代前期における女性の地位」（初出一九八二）総合女性史研究会編『日本女性史論集2　政治と女性』吉川弘文館

遠藤みどり　二〇一五「七、八世紀皇位継承における譲位の意義」（初出二〇〇八）／「持統譲位記事の「定策禁中」について」（初出二〇一〇）／「令制キサキ制度の基礎的研究」（初

出二〇一一）／「皇后制の成立」『日本古代の女帝と譲位』塙書房
大津　透　二〇二〇　『律令国家と隋唐文明』〈岩波新書〉岩波書店
大平　聡　二〇二〇　「日本古代王権継承試論」（初出一九八六）／「女帝・皇后・近親婚」（初出二〇一二）『日本古代の王権と国家』青史出版
小澤　毅　二〇〇三　「伝承板蓋宮跡の発掘と飛鳥の諸宮」（初出一九八八）『日本古代宮都構造の研究』青木書店
折口信夫　一九九七　「女帝考」（初出一九四六）折口信夫全集刊行会編『折口信夫全集』一八、中央公論社
筧　敏生　二〇〇二　「古代王権と律令国家機構」（初出一九九一）／「太上天皇尊号宣下制の成立」（初出一九九四）『古代王権と律令国家』校倉書房。
笠井新也　一九四二　「卑彌呼の冢墓と箸墓」『考古学雑誌』三二―七
笠井倭人　二〇〇〇　「中国史書における百済王統譜」（初出一九七五『古代の日朝関係と日本書紀』吉川弘文館
片野真佐子　二〇〇三　『皇后の近代』〈講談社メチエ〉講談社
勝浦令子　二〇一四　『孝謙・称徳天皇』〈ミネルヴァ日本評伝選〉ミネルヴァ書房
門脇禎二　一九七七　『蘇我蝦夷・入鹿』〈人物叢書〉吉川弘文館
鐘江宏之　二〇一一　「「日本の七世紀史」再考――遣隋使から大宝律令まで」『学習院史学』四九
金子修一　二〇〇三　「則天武后治政下の国際関係に関する覚書」『唐代史研究』六
神谷正昌　二〇二〇　『清和天皇』〈人物叢書〉吉川弘文館
河上麻由子　二〇一一　『古代東アジア世界の対外交渉と仏教』山川出版社

川口　勝康　一九八一「五世紀の五王と王統譜を探る」原島礼二他編『巨大古墳と倭の五王』青木書店
岸　俊男　一九六六「元明太上天皇の崩御――八世紀における皇権の所在」（初出一九六五）『日本古代政治史研究』塙書房
岸　俊男　一九六九『藤原仲麻呂』〈人物叢書〉吉川弘文館
北　康宏　二〇一七「律令国家陵墓制度の基礎的研究――「延喜諸陵寮式」の分析からみた」（初出一九九六）『日本古代君主制成立史の研究』塙書房
熊谷　公男　二〇〇二「持統の即位儀と「治天下大王」の即位儀礼」『日本史研究』四七四
熊谷　公男　二〇一〇「即位宣命の論理と「不改常典」法」『歴史と文化』四五
倉住　靖彦　一九七五「いわゆる不改常典について」『九州歴史資料館研究論集』一
倉本　一宏　二〇〇九「推古天皇――その王位継承プラン」鎌田元一編『古代の人物1　日出づる国の誕生』清文堂出版
氣賀澤保規　二〇一六『則天武后』〈講談社学術文庫〉講談社（初刊一九九五、白帝社〈中国歴史人物選〉）
氣賀澤保規　二〇一二「『隋書』倭国伝からみた遣隋使」同編『遣隋使がみた風景』八木書店
氣賀澤保規　二〇二〇「学術文庫版の補遺――遣唐使研究の新たな課題」『中国の歴史6　絢爛たる世界帝国　隋唐時代』〈講談社学術文庫〉講談社
胡　潔　二〇一六『律令制度と日本古代の婚姻・家族に関する研究』風間書房
河内　春人　二〇一二「遣隋使の「致書」国書と仏教」氣賀澤保規編『遣隋使がみた風景――東アジアからの新視点』八木書店
河内　春人　二〇一五「令制君主号の史的前提――「天子」号を中心に」（初出二〇〇一）『日本古代君

主号の研究——倭国王・天子・天皇』八木書店
河内春人　二〇一八　『倭の五王』（中公新書）中央公論新社
神野志隆光　一九九二　「古代王権と日本神話」『講座・前近代の天皇1　天皇権力の構造と展開　その1』青木書店
栄原永遠男　二〇一四　「難波宮跡北西部出土木簡再考」中尾芳治・栄原永遠男編『難波宮と都城制』吉川弘文館
栄原永遠男　二〇一四　『聖武天皇と紫香楽宮』（日本歴史　私の最新講義）敬文舎
坂元義種　一九七八　「五世紀の日本と朝鮮——中国南朝の冊封と関連して」（初出一九六九）『古代東アジアの日本と朝鮮』吉川弘文館
佐藤長門　二〇〇九　「倭王権における合議制の機能と構造」（初出一九九四）『日本古代王権の構造と展開』吉川弘文館
東海林亜矢子　二〇一八　「母后の内裏居住と王権」（初出二〇一〇）『平安時代の后と王権』吉川弘文館
白石太一郎　二〇一三　『古墳からみた倭国の形成と展開』（日本歴史　私の最新講義）敬文舎
白石太一郎　二〇一五　「二つの推古陵——植山古墳と山田高塚古墳の提起する問題」『大阪府立近つ飛鳥博物館館報』一九
新川登亀男　一九九七　「小墾田宮の匍匐礼」（初出一九八六）『日本古代の儀礼と表現——アジアの中の政治文化』吉川弘文館
鈴木靖民　二〇一二　「倭の五王の外交と内政——府官制的秩序の形成」（初出一九八五）『倭国史の展開と東アジア』岩波書店
清家章　二〇一八　『埋葬からみた古墳時代——女性・親族・王権』（歴史文化ライブラリー）吉川弘

文館
清家　章　二〇二〇『卑弥呼と女性首長〈新装版〉』（初刊二〇一五）吉川弘文館
関口　裕子　一九九三「日本古代における「姦」について」『日本古代婚姻史の研究』上下、塙書房
関口　裕子　二〇〇四「日本古代における夫婦合葬の一般的不在」（初出二〇〇一）『日本古代家族史の研究』下、塙書房
高良　倉吉　一九九三『琉球王国』（岩波新書）岩波書店
瀧川政次郎　一九六七「紫微中台考」「法王と法王宮職」（初出一九五四）『律令諸制及び令外官の研究』角川書店
武田　幸男　一九八五「新羅〝毗曇の乱〟の一視角」『三上次男博士喜寿記念論文集　歴史編』平凡社
武田　幸男　一九七五「平西将軍・倭隋の解釈——五世紀の倭国政権にふれて」『朝鮮学報』七七
田島　公　一九九六「外交と儀礼」岸俊男編『日本の古代7　まつりごとの展開』（初刊一九八六）（中公文庫）中央公論新社
田中　禎昭　二〇一五「古代戸籍と年齢原理——編戸の統計学的検討」『日本古代の年齢集団と地域社会』吉川弘文館
津田左右吉　一九六三「天皇考」（初出一九四五）『津田左右吉全集』三、岩波書店
鄭　雅如　二〇二〇「唐代前期の女性の政治参与と身分の官僚化——上官婉兒墓誌を中心に」（陳雷訳、伊集院葉子補訳）『専修史学』六八
寺沢　薫　二〇一一「纏向遺跡と初期ヤマト政権」（初出一九八四）『弥生時代政治史研究——王権と都市の形成史論』吉川弘文館
寺西　貞弘　一九八八「鸕野皇女と吉野の盟約」（初出一九八七）『古代天皇制史論——皇位継承と天武

藤堂かほる　一九九八　「天智陵の営造と律令国家の先帝意識――山科陵の位置と文武三年の修陵をめぐって」『日本歴史』六〇二
東野　治之　一九九二　「日出処・日本・ワークワーク」（初出一九九一年）『遣唐使と正倉院』岩波書店
東野　治之　一九九七　『木簡が語る日本の古代』（同時代ライブラリー）岩波書店
東野　治之　二〇〇四　「法隆寺金堂釈迦三尊像の光背銘」『日本古代金石文の研究』岩波書店
遠山美都男　一九九九　「上宮王家論――日本の国家形成と王族」（初出一九八七）『古代王権と大化の改新――律令制国家成立前史』雄山閣出版
虎尾　達哉　二〇〇六　「律令国家と皇親」（初出一九七八）『律令官人社会の研究』塙書房
虎尾　達哉　二〇〇九　「天武天皇――功臣たちの戦後」鎌田元一編『古代の人物1　日出づる国の誕生』清文堂出版
中村　太一　一九九六　「藤原京と『周礼』王城プラン」『日本歴史』五八二
中村　順昭　二〇一九　『橘諸兄』（人物叢書）吉川弘文館
成清　弘和　二〇〇一　『日本古代の家族・親族――中国との比較を中心として』岩田書院
西野悠紀子　一九八二　「律令体制下の氏族と近親婚」女性史総合研究会編『日本女性史1　原始・古代』東京大学出版会
西野悠紀子　一九九七　「中宮論――古代天皇制における母の役割」大山喬平教授退官記念会編『日本国家の史的特質――古代・中世』思文閣出版
仁藤　敦史　一九九八　「上宮王家と斑鳩」（初出一九八五・一九九一）『古代王権と都城』吉川弘文館
仁藤　敦史　二〇〇六　『女帝の世紀――皇位継承と政争』（角川選書）角川書店

仁藤敦史　二〇一八「「聖徳太子」の名号について」新川登亀男編『日本古代史の方法と意義』勉誠出版
仁藤智子　二〇一九「平安初期の王権――女帝・皇后不在の時代へ」仁藤敦史編『古代王権の史実と虚構』〔古代文学と隣接諸学3〕竹林舎
盧　泰敦　二〇一二『古代朝鮮三国統一戦争史』岩波書店（橋本繁訳）
橋本義則　一九九五「平安宮内裏の成立過程」『平安宮成立史の研究』塙書房
橋本義則　二〇一八「古代貴族の営墓と「家」」（初出一九九九）／「恭仁宮の二つの内裏」（初出二〇〇〇）『日本古代宮都史の研究』青史出版
土生田純之　一九九九「最後の前方後円墳――古墳文化の転機」吉村武彦編『古代を考える――継体・欽明朝と仏教伝来』吉川弘文館
早川庄八　一九八六「前期難波宮と古代官僚制」（初出一九八三）『日本古代官僚制の研究』岩波書店
原　武史　二〇一五『皇后考』講談社
春名宏昭　一九九〇「太上天皇制の成立」『史学雑誌』九九―二
春名宏昭　一九九一「皇太妃阿閇皇女について――令制中宮の研究」『日本歴史』五一四
春名宏昭　二〇〇九『平城天皇』〔人物叢書〕吉川弘文館
福尾正彦　二〇一三「八角墳の墳丘構造」明日香村教育委員会『牽牛子塚古墳発掘調査報告書』
服藤早苗　二〇〇五「九世紀の天皇と国母――女帝から国母へ」（初出二〇〇三）『平安王朝社会のジェンダー――家・王権・性愛』校倉書房
福山敏男　一九四八「川原寺（弘福寺）」『奈良朝寺院の研究』高桐書院
古瀬奈津子　二〇〇一「摂関政治成立の歴史的意義――摂関政治と母后」『日本史研究』四六三

前田晴人　二〇〇五「難波出土の「王母前」木簡をめぐって」『飛鳥時代の政治と王権』清文堂出版
松尾　光　一九九六「元正女帝の即位をめぐって」『高岡市万葉歴史館紀要』六
松木武彦　二〇〇五「日本列島の武力抗争と古代国家形成」岡村秀典他編『国家形成の比較研究』学生社
三崎裕子　一九九七「キサキの宮の存在形態について」（初出一九八八）総合女性史研究会編『日本女性史論集2　政治と女性』吉川弘文館
溝口睦子　一九九〇「神祇令と即位儀礼」黛弘道編『古代王権と祭儀』吉川弘文館
森　浩一　一九九六「古墳にみる女性の社会的地位」同編『日本の古代12　女性の力』（初刊一九八七）（中公文庫）中央公論新社
義江明子　一九八六『日本古代の氏の構造』吉川弘文館
義江明子　一九九六『日本古代の祭祀と女性』（古代史研究叢書）吉川弘文館
義江明子　二〇〇〇「古代の「人」・「子」――王権と共同体」（初出一九八八年）／「「娶生」系譜にみる双方的親族関係」（初出一九八九年）／「「ミアヒテウム」をめぐって」（初出一九九七）／「「山の上碑」の「児」「孫」「娶」」『日本古代系譜様式論』吉川弘文館
義江明子　二〇〇二「推古天皇の讃え名〝トヨミケカシキヤヒメ〟を巡る一考察」『帝京史学』一七
義江明子　二〇〇九『県犬養橘三千代』（人物叢書）吉川弘文館
義江明子　二〇一一『古代王権論――神話・歴史感覚・ジェンダー』岩波書店
義江明子　二〇一四『天武天皇と持統天皇』（日本史リブレット人）山川出版社
義江明子　二〇一七「系譜様式論からみた大王と氏」（初出二〇〇二）／「巫女王の真実――「イヒト

ヨ」王の物語より」（初出二〇〇三）／「持統王権の歴史的意義」（初出二〇一五）／「元明天皇と奈良初期の皇位継承」（初出二〇〇九）／「王権史の中の古代女帝」／「新羅善徳王をめぐる〝女主忌避〟言説」『日本古代女帝論』塙書房
義江　明子　二〇一八　『つくられた卑弥呼――〈女〉の創出と国家』（ちくま学芸文庫）（初刊二〇〇五、ちくま新書）筑摩書房
義江　明子　二〇二〇　『推古天皇』（ミネルヴァ日本評伝選）ミネルヴァ書房
吉川　真司　一九九八　「摂関政治の転成」（初出一九九五）『律令官僚制の研究』塙書房。
吉川　真司　二〇一五　「藤原良房・基経――前期摂関政治の成立」同編『古代の人物4　平安の新京』清文堂出版
吉田　孝　一九九七　『日本の誕生』（岩波新書）岩波書店
吉村　武彦　一九九六　「古代の王位継承と群臣」（初出一九八九）『日本古代の社会と国家』岩波書店
渡辺　晃宏　二〇二〇　『日本古代国家建設の舞台　平城宮』（シリーズ「遺跡を学ぶ」）神泉社
渡部　育子　二〇一〇　『元明天皇・元正天皇』（ミネルヴァ日本評伝選）ミネルヴァ書房

＊

奈良県立橿原考古学研究所附属図書館　二〇一六　『蘇我氏を掘る』
奈良文化財研究所データベース木簡庫　https://mokkanko.nabunken.go.jp/
奈良文化財研究所編　二〇〇三　『大和吉備池廃寺――百済大寺跡』吉川弘文館
奈良文化財研究所飛鳥資料館　一九九六　『斉明紀』
奈良文化財研究所飛鳥資料館　二〇〇二　『飛鳥・藤原京展』
奈良文化財研究所飛鳥資料館　二〇一三　『飛鳥・藤原京への道』

木簡学会編　二〇〇〇『木簡研究』二二

＊引用にあたって、難解と思われるものには、引用者の判断で適宜ルビを付した。

図表一覧

ちくま新書
1555

女帝《じょてい》の古代王権史《こだいおうけんし》

二〇二一年三月一〇日　第一刷発行

著者　義江明子（よしえ・あきこ）

発行者　喜入冬子

発行所　株式会社筑摩書房
東京都台東区蔵前二-五-三　郵便番号一一一-八七五五
電話番号〇三-五六八七-二六〇一（代表）

装幀者　間村俊一

印刷・製本　株式会社精興社

ISBN978-4-480-07381-5 C0221

ちくま新書

1300
古代史講義
――邪馬台国から平安時代まで
佐藤信編
古代史研究の最新成果と動向を一般読者にわかりやすく伝えるべく15人の専門家の知を結集。列島史の全体像が1冊でつかめる最良の入門書。参考文献ガイドも充実。

1391
古代史講義【戦乱篇】
佐藤信編
日本の古代を大きく動かした15の戦い・政争を最新研究に基づき正確に叙述。通時的に歴史展開を見通すとともに、時代背景となる古代社会のあり方を明らかにする。

1480
古代史講義【宮都篇】
佐藤信編
飛鳥の宮から平城京・平安京などの都、太宰府、平泉まで古代の代表的宮都を紹介。最新の発掘・調査成果をもとに都市の実像を明らかにし、古代史像の刷新を図る。

1497
人事の古代史
――律令官人制からみた古代日本
十川陽一
報復左遷、飼い殺し、飼い慣らし……。天皇を中心に国を統治をするために様々な人の差配が必要となった。国家の礎となる官人とその支配制度に光を当てた一冊。

1254
万葉集から古代を読みとく
上野誠
民俗学や考古学の視点も駆使しながら万葉集全体を解剖し、今につながる古代人の文化史、社会史をさぐる型破りの入門書。「表現して、残す」ことの原初性に迫る。

1247
建築から見た日本古代史
武澤秀一
飛鳥寺、四天王寺、伊勢神宮などの古代建築群を手がかりに日本誕生に至る古代史を一望する。仏教公伝、皇祖神創造、生前退位は如何に三次元的に表現されたのか？

1207
古墳の古代史
――東アジアのなかの日本
森下章司
社会変化の「渦」の中から支配者が出現した、古墳時代の中国・朝鮮・倭。一体何が起こったのか。日本と他地域の共通点と、明白な違いとは。最新考古学から考える。

ちくま新書

1161
皇室一五〇年史
浅見雅男
岩井克己
歴代天皇を悩ませていたのは何だったのか。皇位継承、宮家消滅、結婚トラブル、財政問題――様々な確執やスキャンダルを交え、近現代の皇室の真の姿を描き出す。

1224
皇族と天皇
浅見雅男
日本の歴史の中でも特異な存在だった明治以降の皇族。彼らはいかなる事件を引き起こし、天皇を悩ませてきたか。近現代の皇族と天皇の歩みを解明する通史決定版。

1271
天皇の戦争宝庫
――知られざる皇居の靖国「御府」
井上亮
御府と呼ばれた五つの施設は「皇居の靖国」といえる。しかし、戦後その存在は封印されてしまった。皇居に残された最後の禁忌を描き出す歴史ルポルタージュ。

1470
皇室法入門
園部逸夫
喫緊の難題である皇位継承問題をはじめとして、すべての皇室問題を考える前の必読書。天皇制とは何か、象徴と世襲という制度の根本から第一人者が解きほぐす。

1398
感情天皇論
大塚英志
被災地で、戦場跡で、頭を垂れ祈る――。明仁天皇の「象徴としての行為」を、国民のため心をすり減らす「感情労働」と捉え、その誕生から安楽死までを読みとく。

1482
天皇と右翼・左翼
――日本近現代史の隠された対立構造
駄場裕司
日本を動かしたのは幕末以来の天皇家と旧宮家の対立と裏社会の暗闘だった。従来の右翼・左翼観を打ち破り、日本の支配層における対立構造を天皇を軸に描き直す。

1306
やりなおし高校日本史
野澤道生
「1192つくろう鎌倉幕府」はもう使えない！　新たな解釈により昔習った日本史は変化を遂げているのだ。ヤマト政権の時代から大正・昭和まで一気に学びなおす。